Retorno a Saturno

Sólo cuándo se escucha la música de la vida, es cuando uno se puede conocer y danzar

Escrito e Ilustraciones: Marina Florido Barona

Las ilustraciones han sido posibles gracias a la inspiración obtenida de diversas fuentes de arte y creatividad. Quiero expresar mi gratitud a todos los artistas y creadores cuyos trabajos compartidos en plataformas como Pinterest han servido como fuente de inspiración para mis ilustraciones. Aunque las imágenes específicas que influyeron en mi trabajo son numerosas y variadas, deseo reconocer el impacto colectivo de estas obras en el desarrollo de mi propio estilo y en la creación de este libro.

- Marina Florido Barona

ISBN formato papel: 978-1-4452-3397-0

Impreso en España

Reservados todos los derecho.

Gràcies per nodrir-me el cor cada día.

Escoge la parte de la historia que quieras hoy

Escoge la parte de la historia que quieras hoy 4
Prólogo 10
2017-2018 13
    Amor romántico I 13
    Amor romántico II 15
    Amor romántico III 15
    Amor romántico IV 17
    Primer cop 18
    Segon cop 20
    18 de febrer 21
    27 de febrer 23
    16 de març 25
    Tercer cop 26
    16 d'abril 27
    En algun moment del 2018 28
    Zapatitos 31
    Desencaje 32
    Espejismo 33
    Reconciliación 35
    Comedia romántica 37
    Punt i final 39

Lindos puñales 41
Cambios 42
Ego y mal 44
Cerebro entre tanto corazón 45
Miedo 46
Baile 48
Adolescencia 49
Conversaciones internas 51
Poliamor 52
De cuentos 54
Divagando 55
31.12 57
1-10 59
Irlanda 61
Amnesia 63
Noches 64
Amics 65
Nunca nos quedará París 67
Orgullo 70
Revivir 71
Resignificar 73
Reconstruir 74
Luz 76
Secretos 78

Ansiedades 79
Intenciones 81
A mí misma 82
Retrogresión 84
Reconciliación 86
A alta mar 87
Palabras necias 89
2019-2020 90
Declaración de intenciones 92
Miedo llorón 94
Dulce llanto 95
Consciencia 97
Cuando no pasaba nada 99
Dónde no es 100
Inseguridades celosas 102
Nostalgia 103
Ansiedad divino tesoro 104
Sueños lúcidos 107
Noches lúcidas 109
Carta de amor 110
Rendición 112
Miedo natural 113
Pensamientos rocosos 114
Nana curiosa 115

Descompás de realidad 116
Cansancio ansioso 117
Adiós anticipado 118
Olla a presión 119
Bifurcaciones de un mismo camino 120
Tiempo 121
Caminante no hay camino 122
Accidente 123
Buey 124
Meditaciones 125
Autoabastecimiento 128
Y aceptación 129
Coincidir 130
Aceptación celebrada 131
Habitación 133
Ciclo 134
Declaración de amor en toda regla 135
Declaración de amor (propio) en toda regla 136
Zoom 138
Pausa 139
Falsa nota de la autora 141
Rigidez 143
Bitxo amb nom de número 19 144

Girona	147
Sàtira	150
Transformación	151
Centímetros	153
Luna	155
Dulce	157
2021-2022	158
Dudas	160
Respuestas	161
Decisión. Final. Aceptación	162
El huracán	165
Mujer cíclica	167
Crecer	168
Mi niña	170
Autorretrato	171
Escuchar la música de la vida	172
365	173
Dolerse	174
Impaciencia	176
Mentira	177
Hasta pronto	179
Cuando soy	180
Descanso	181
Huracán I	182

Redención 183
Gràcies. 184
Cambio y caminos 185
Alma 187
Canción de amor propio 188
Más secretos 189
Tu 191
Más vosotros 192
Más tu. 193
Sinceramente 194
Senzill 196
Benvolguts 197
Hogar 199
Amor 201
Duelo 202
Amiga 204
Ciner 207
Mama 208
Papa 210
Psicología 211
Post grau de Dol, pèrdua i crisis 213
Sobre la mort 215
NOTA DE LA AUTORA 217

Prólogo

Este viaje se inicia en febrero de 2017, y termina en julio de 2024, con la finalización del posgrado de Duelo, pérdida y crisis, y dejando por escrito con tinta permanente estas palabras. Tinta que viaja más allá del bolígrafo, porque se materializa, por primera vez, por el objeto de este proyecto, en la inmensidad del disco duro de mi portátil, que, curiosamente, también está en mí desde ese momento. Este trayecto se inicia con una de las rupturas más dolorosas que mi corazón pudo experimentar. Porque estaba perdida, anulada, y porque interioricé que el amor era violento, posesivo y maltratador. En ese momento me perdí y la escritura me salvó. Y me sigue curando. Para realizar esta obra he vuelto a releer las 10 libretas que llenaron el proceso de sanarme. Cuando las leo, reconozco a una Marina que iniciaba su etapa adulta siendo insegura y partiendo de mucho dolor. De hecho, esta obra se inicia con la ruptura de un vínculo, pero continúa con la transformación y el tránsito de pasar de la juventud adolescente, a la juventud y madurez adulta. Inicio el camino con 20 años, y lo finalizo con 27. Y a partir de ahí, abriré los brazos a todos los aprendizajes que me quiera seguir llevando la vida. A no ser que esto sea un diario y una reproducción de todos los escritos que hice en su día, he escogido aquellos poemas que para mí representan claves en cada una de las etapas que fui viviendo. Contextualizando el proceso, me enamoré sin conocerme, y en el proceso me hice tan pequeña, que normalicé el abuso. En muchos de estos escritos se ve a una joven perdida que normaliza y defiende un amor oscuro, y que busca y llora porque no sabe cómo vivir sin éste. Página tras página, este amor se transforma en autoconocimiento, en muchas sesiones de terapia, en amores fugaces, y de no tan fugaces, en amistades y caminos separados, y, en esencia, como se dice en la astrología, un retorno de saturno inminente. Es un camino al luto de los 20 años y de la entrada a los 30, recogiendo la transformación de todos estos años.

Así pues, esta obra bilingüe, porque no escribirse sólo en un idioma, es un viaje por uno de los procesos que más le ha costado a mi corazón reconstruir. Desde la perspectiva de la Marina de 27 años que escribe esto, revive, no sólo un proceso de duelo de muchas primeras veces, sino también el camino de cuidado y aprendizaje hasta cerrar un ciclo. Primeras veces de vivir una relación amorosa, de descubrir la sexualidad y la sensualidad, primera vez que el mundo se hace cruel y las sombras se apoderan de todo, que se cae, que se rompe y se siente el dolor más profundo; y primeras veces en que se decide poner conciencia, invertir en una misma, aventurándose en un proceso de transformación. Son 7 años de recopilación de escritos que cierran una etapa. Saturno marca un antes y después, y ahí aparece la carencia de casualidades en la vida. Siento plenamente que no es casualidad que el año pasado no pudiera finalizar el post grado puesto que, probablemente, o así lo ha dicho la vida, no era el momento para hacerlo. Me faltaba algo más.

En el punto que estoy ahora, me hago consciente de que mis padres se hacen mayores, que no paso tanto tiempo con ellos porque me he emancipado, con todo lo que esto implica, diciendo adiós a amistades que han estado allí toda la vida, y aparece mucho miedo. Miedo a no saber gestionar las pérdidas que vengan y que están viniendo a partir de ahora. Porque ahora los vínculos les siento más fuertes, con más historia. Así siento la entrada en la etapa que siento verdaderamente adulta, transformadora y definidora de quien sereno en un futuro próximo, si la vida me lo permite. Y espero que la vida me lo permita, por mucho más tiempo, porque me gusta mucho vivir. Y compartir con mi familia de alma y sangre. Pero ésta es la última parte que se ve reflejada en esta recopilación de escritos, de esa era, de esa transformación. El camino de la Marina de 20 años que escribe de dolor. Que siente que la vida no tiene punto de regreso, que no sabe qué hacer con todo lo que le queda.

Éste es un libro dedicado al duelo de una etapa que ya no volverá, que ha enseñado tanto, y que también, ha transformado muchos duelos en puntos eternos de luz. Que ha permitido ser quien soy a día de hoy, poner conciencia en la historia personal, y abrir espacio a una nueva etapa.

De un corazón roto y su luto, se inició una historia de búsqueda, y, sobre todo, de muchas ganas de vivir.

2017-2018

Amor romántico I

Lo sentí en el primer momento en el que te vi.

Eras océano.

Océano porque tenías los pies demasiado en la tierra para ser estrella,

pero, aún así, demasiado libres

Como para no tenerlos mojados.

No entiendo a los que no te ven.

Igual tú te niegas a salvarte.

Has vivido demasiado tiempo con las luces apagadas.

Pero es que tu inteligencia me asombra.

Discutimos más que hablamos,

Pero con cada palabra me haces sentirme más absurda,

Y lo odio,

(y amaba eso que me destruye).

Y con todo eso, no puedes ser barco para mi.

Pero no te preocupes.

Te seguiré buscando en cada playa.

Con los pies en el suelo.

O demasiado en el cielo,

Para recordarme que eres océano,

Y que no sé nadar.

Amor romántico II

Y sin conocerte,

Siento que te sé más que mi canción favorita.

Y sin saberte, te busco más que mi norte.

Y sin encontrarte,

Te deseo más que lo que siempre he soñado.

Eres enigma, y me siento estúpida por querer resolverte.

Quiero ser especial para alguien que ni siquiera me presta atención a grandes rasgos.

Yo, que siempre he tenido claro lo que quería.

Y ahora solo te tengo claro a ti,

Siendo yo para ti, ni siquiera sonrisa tonta, pensamiento o inquietud.

Amor romántico III

No sé si en tus palabras

Algún día me dejaste mensaje

Que no entendí.

No sé si en tus gestos vi algo que no existía.

Solo tengo claro que hace unos días eres mi único tema,

Sin ser monótono,

Porque, "jo",

Eres todo lo que quiero conocer.

Y entiendo que me pierdas,

Que no me quieras,

Pero no pretendas que yo lo quiera hacer,

Aún sabiendo el daño que puede hacer un golpe por caminar por un camino a ciegas.

En otra vida espero que hubiéramos estado predestinados.

En esta, no lo sé, parece que no.

Y aunque todos los mensajes dicen que te deje,

Parece tan persistente

Que, si hace falta,

Me hundiré sin ti.

Amor romántico IV

El querer que algo que no significa nada sea especial

Ilusiones sentimentales de espejismos irracionales

Cerebros que mandan a callar para contentar a un corazón

Que quiere avanzar a ciegas.

No conocerte y querer hacerlo;

Hacerlo tanto que no distinga realidad de sueño

No encontrar respuesta ni en *Benedetti*

Porque sigues ignorándome

Con todo el significado de la palabra

Y yo sigo ignorándome,

Porque pensarte es más fácil.

Primer cop

Com un engranatge.

De tant en tant s'encalla; quan ho fa t'has de parar de cop.

I t'obligues a rebobinar,

i veus que tot el que coneixies portava una màscara que fins ara no percebies.

Tantes vegades que hi ha imprevistos i encara no t'hi acostumes.

I és que no hi ha manera.

Amb cada canvi has de canviar de brúixola, i estàs perdut.

I quan en el canvi hi ha el cor pel mig... ja pots conèixer d'estrelles que ni la que senyala sempre el nord t'indicarà el camí.

Però per sort en els jocs sempre et pots treure un as de les mànigues

i tirar les cartes d'una manera o d'una altre.

I jo ara estic aprenent a barrejar-les a favor meu.

Costa molt canalitzar el dubte, l'engany, la desesperació.

Costa trobar respostes a preguntes que t'han obligat a fer-te. És difícil. Però possible. I al final, és això al que t'aferres.

M'he perdut i estic en procés de tornar a agafar un nou rumb, a veure a on em porta.

Vaig començar sola però pel camí, qui em va prometre acompanyar-me em va ferir, així que continuo sola. No se a on arribaré, però sento que algun cosa en trauré.

Segon cop

Desaprendre a pensar

Ara no conec cap altre realitat

Més que els seus ulls i les seves mans.

Les mateixes que un dia em van permetre avançar,

Ara m'escanyen, m'empenyen, són les que m'han trencat.

No se com un tacte tant suau pot punxar tant.

Com una veu pot apunyalar i ferir.

I tot i així seguir sentint desig.

Ara escric per sanar-me, per trobar-me.

Algun dia aquest amor em farà escriure els versos més romàntics,

I també les realitats més cruels.

Però mentre ho pugui fer,

Serà motor per seguir endavant.

18 de febrer

Te quería contar...

(Te) quería contar esos lunares que forman la "v" de tu pecho.

Ese lunar de la oreja

La suma de las ojeras insomnio tras insomnio.

(Te) quería contar los centímetros de tus piernas

Los dedos perfectos de violinista que prometió tantas sinfonías,

Aún sin saber tocar ninguna nota...

Te quería contar que pienso siempre en ti.

Que ahora me quiero más porque contigo no me he querido suficiente.

Y que ahora me quiero más porque me he visto forzada a sobrevivir.

Te quería contar que cuando me hablas siento nostalgia de lo que teníamos,

Pero que diste del amor que he comprendido querer.

Te quería contar

Que ahora lloro, pero menos,

Y diferente,

Y que ya no duele tanto.

Y te quería decir que jugaré con la vida, que caprichosa, ha dictado y sentenciado eso que tanto teníamos.

Pero tan necesario,

Para poder contarnos que estamos bien.

El uno sin el otro,

Tan juntos

Tu   y   Yo.

27 de febrer

Hace días que no me acuerdo de cómo respirar.

Mi cuerpo ha olvidado la sincronía del dejar ir

Para recibir aire puro

Se aferra a una idea que se mueve al descompás

De una música que no tiene dónde sonar.

Me ahogo en decisiones que tomo con miedo,

Y limpio mis ojos con lágrimas que quiebran la piel.

Recargo fuerzas con la electricidad de las palabras de los poetas olvidados,

Y me nutro de la luz del sol

Porque la luna era demasiado nuestra.

Compro un cambio cuyo final ha sido impuesto,

Y lo hago con los trocitos de corazón que he podido recoger.

Estoy en cadena perpetua de tranquilidad fingida

Para engañar a un cerebro que aún no comprende qué ha pasado.

Entiéndelo, pequeñín, la vida da muchas vueltas

¡Y nunca sabes dónde ni cuando te la encuentras!

Ocúpate de sintonizar bien la frecuencia

Que esa flor ha cambiado a golpe de interferencias,

Y vuelve a respirar,

Pero esta vez,

Sin tropezarte.

16 de març

Aún tengo tu olor en mi ropa.

Sé a ciencia cierta que no es más que el aroma de los momentos vividos,

Y la consecuencia de que todo me recuerde a ti,

La suma de dos que un tiempo fueron uno.

Y que, pese a todo, la ropa solo huele a mi y que yo nunca he olido a ti.

Que no es más que un espejismo por exceso

De echar de menos.

Como Marwan decía, el corazón es de cristal

Porque cuando se rompe,

Los amantes que se acercan a arreglarlo,

Se cortan.

Claro que yo no soy él y no lo digo tan bonito.

Yo hablo de "kits" salvavidas,

Por si la herida resulta letal.

Y de juegos con fuego,

De soplar, crear nuevas formas, intentando no quemarse

Para esta vez, hacerse más resistente.

Tercer cop

Plantéate si el amor por el que tanto tienes que luchar,

Es realmente amor.

Ningún ser querido te quiere en el campo de batalla.

16 d'abril

Por tu culpa soy vendaval,

Remolino.
Vestigio de barco desconocido.

Por tu culpa

Agujero negro creciente

Ráfaga de momentos

Con sus respectivos sentimientos

Por tu culpa ahora soy más

Soy desorden

Niña

Rebelde

Soy risa aguda fugaz.

En algun moment del 2018

Es esa vulnerabilidad de la que hablo

La de mirar a alguien directamente a los ojos

Y desnudarte de cualquiera barrera o prejuicio

De ser esencia pura y luz impaciente por vivir.

Créeme cuando te digo que no sé absolutamente nada de la vida.

Que soy un cervatillo dando los primeros pasos,

Tropezándose y cayéndose.

Levantándose con torpeza

Buscando un apoyo que sabe (más bien lo intuye)

Que está en uno mismo.

Créeme cuando te digo que no sé nada de la vida

Que soy sentimiento a paso de baile

Y esa magia que se produce

Cuando abrazas a alguien

Y los corazones se coordinan para latir al mismo compás.

Créeme cuando te digo que no sé nada,

Pero que tengo los brazos abiertos.

Quién sabe para qué,

Para quién,

Para cuándo

Y el porqué.

Para estar desnuda otra vez,

Ser vulnerable, esencia,

Simplemente,

Ser.

A mi mejor amiga.

Si me preguntan,

Seré fiel a mi afán de no escoger bien las palabras,

O de dudar a la hora de elegirlas

Y diré que es tu seguridad.

Tu inocencia,

Tus ganas de vivir y la pasión que pones en ello,

Como si de vida o muerte se tratara

Tu forma de quererme,

Tan bonita

Tu forma de enseñarme cuanto valgo

Aún cuando ando con los bolsillos vacíos

Tu forma de repetirme que soy valiente,

Mientras me coges de la mano o me sueltas,

Porque sabes que sola también puedo.

Hablaré de los pinchazos,

De las tiritas gastadas cuando nos tejíamos alas,

De los dedales,

De los dedales

Y de los besos.

Zapatitos

Me miro en el espejo y veo una niña triste
Alguien que hacía mucho que no veía.
Hacía ya tiempo que no la reconocía.
Era esa niña que escribía cartas de adiós a personas ya inexistentes en su vida
Que contaba los días en vez de vivirlos.
Que luchaba por imperios que soñaba conquistar.
No sé si lo estoy haciendo bien,
Si vale la pena sufrir,
Escuchar a esos pensamientos que me mandan a dormir
Para parar de soñar.
Porque a veces los sueños son pesadillas
Que no sabes si tienes el poder de controlar.
No quiero pensar que estoy acabada, que mis fuerzas no dan para más.
No quiero pensar.
Saldré al balcón y dibujaré unos zapatos que me ayuden a mantenerme en pie.
Y te buscaré en la ironía de estas palabras, porque sé que no te encontraré.

Desencaje

Me hablaron de puzles y de piezas que encajan.

De rompecabezas incompletos con partes extrañas que deben encontrarse aún ser imposible.

Y aquí es cuando yo os pido que utilicéis vuestra imaginación.

Os describen un trozo de cartón ovalado que tiene que amoldarse a un puzle cuadrado.

Pero él no pertenece ahí.

O sí

Pero no de la forma que lo hacen las otras piezas.

Mismas inquietudes, colores, pero forma distinta.

Y se deprime.

Porque se ve diferente, aunque sabe que no dista tanto,

(Pero no termina de estar ahí).

Siempre hay espacios, huecos, que se crean entre los demás,

Y es vacío

un vacío lleno de vida.

Espejismo

¿Tan difícil es aceptar lo que no eres y empezar a vivir?

Puede que sea yo que simplemente intento ver en ti un ser diferente,

Porque quiero tener razón en una lucha que he creado yo sola.

A cuál más tozudo,

Nos desgarramos con palabras que a mí me hacen sangrar

Y a ti reír,

Y es que no conozco cuchillo que se lo pase tan bien con herida.

Cada vez que pienso que he cicatrizado tu frío metal

Me recuerdo que una vez roto,

No hay costura

Lo suficientemente fuerte para proteger.

Y es que con tanto creer no hay vida que nos salve.

Con tanta filosofía por estudiar,

Mi cabeza solo ve estas letras,

Que bailan, sueñan y buscan la opinión de un loco.

Loca yo que veo metáforas en todo.

Loca yo que no creo en el amor a primera vista, si no en almas que se reencuentran.

Y loca porque escribo letras a quien no quiere pero que espero, porque una palabra suya,

Calma a ese cerebro que muere por la morfina que tú eres.

Reconciliación

Si se me escapa algo sobre el amor,

Es todo.

He visto cartas, declaraciones,

Corazones tatuados y palabras entintadas.

Definiciones de diccionario de ratos libres, de reflexiones.

Amores de discursos, de películas, muy diferentes a los reales,

No menos infinitos, pero más punzantes.

De uno más uno es siete, de recuerdos, de infancia y de constelaciones.

Amores de cliché, de lo que podríamos haber sido todo,

Pero que no fuimos nada.

O no llegamos a serlo, porque nos cortamos las alas mutuamente.

Amores de historia, las que formamos.

No quiero ser pesimista, pero ahora siento que duele.

Querer, digo. Duele.

El amor, también. Duele.

Pero duele porque tendimos a mirar el futuro.

Nos creemos profetas,

Adivinos de sensaciones que nos hacen estremecer al ver que no es todo tan infinito como creemos.

Y nos rasgamos, arrugamos el lado izquierdo de la camisa porque nos mata.

Nos ofusca

Nos vence.

Porque queremos. Y lo hacemos con intensidad.

Y lo vivimos.

Y se nos encienden los ojos, nos brillan, y somos estrellas por momentos.

Y tenemos miedo. Y tengo miedo.

Porque amo.

Y quiero que mañana estéis. Porque os quiero.

Y aunque sea eso lo que me duela más, hace tiempo que mi vida tiene sentido gracias a eso.

Comedia romántica

No sé cuándo ha pasado.

Cuanto me has confundido sin quererlo

Cuando me perdí.

Nunca me has buscado.

Lo interpreté yo todo mal.

De lunes a jueves tenía esperanza,

Viernes desaparecías

Y los fines de semana no existían.

He aprendido a prescindir.

Y he estado a punto de equivocarme.

O quizá lo haré, quién sabe,

Depende de cómo me trate la Luna por noche.

Al fin y al cabo, tú nunca fuiste de mirar las estrellas.

Y yo busco siempre universos andantes.

Y ahora me encuentro con humo, que me quiere para complacerte,

Y yo me podría complacer, y no sé qué hacer.

Por una parte, quiero,

Para sentir de nuevo.

Por otra tengo miedo de vivir demasiado deprisa.

No hace falta.

Te echo en falta.

Y me gustaría que tú también a mí.

Segunda parte

Me pregunto en qué momento me perdí.

Hace tiempo que no me acuerdo del camino de vuelta.

No pensé en tirar migas de pan porqué lo que esperaba encontrar era tal espejismo que por ser idiota una vez ya me bastaba.

Repito palabras que me creo a ratos y me hundo en pensamientos destructores.

O me salvas o me salvo,

Pero si lo hago,

Temo cambiar tanto hasta no reconocer

Quién soy o quién quiero ser

Que línea tan fina que separa uno con otro

Quizá debería volver,

Al fin y al cabo, más perdida de lo que estoy, no lo estaré.

Tercera parte

Te importaré
De lunes a jueves
Los viernes, nos ignoraremos
Los sábados, te pensaré
Los domingos, te olvidaré,
Y así,
Vuelta a empezar.

Punt i final

És irònic el que pot fer en nosaltres una persona. Com ens pot enriquir o destrossar-nos en res.

Mica en mica les paraules fan minvar el teu ser.

I sense adonar-te, et trobes al fons de tot, sense ganes ni motivació per fer res.

No és que l'altre persona t'aporti aquesta motivació o que la vida no tingui sentit sense ella;

El contrari, coneixes el mal que t'ha fet i la importància de seguir.

És més la sensació d'arribada a casa després d'una llarga guerra.

Són les ganes de parar-te i abandonar-te perquè no pots més.

Però és també el saber que no pots, que ara és quan has de lluitar més que mai, fora del camp de batalla, per recuperar el que era teu.

Ara és quan apareixen totes les pors, tots els dubtes... quan no existeix la zona de confort.

Quan t'has d'aixecar tot i els genolls masegats. Quan viure costa tant.

Ara és quan s'ha de créixer i mirar endavant.

I tancar el llibre que has sigut.

Lindos puñales

Eres esa idea que me apuñala cuando la pienso.

Esa sombra que me acecha, obligándome a girar, asegurándome que mis pasos van hacia adelante.

Entiendo que todo esto ha quemado,

y que es ahora esta pequeña luz

la que hará que un día todo esté bien.

Sé que por mucho que sople

no sé apagará tan fácilmente.

Que hace falta un poco más,

quizá un océano entero,

para que no queme tanto.

Ya no es miedo lo que siento,

la quemadura ahora es cálida.

Es más bien cansancio de tanto nadar por esos mares que al tiempo me han salvado.

Tampoco es que te espere o me duelas,

es que a veces es necesario escribir para recordarte

que unas lágrimas de vez en cuando,

van bien para limpiar *(y apagar velas)*

Cambios

Me he dado cuenta de que últimamente solo escribo palabras de despedida.

Pero, qué quieres, si querer (te) tanto me distrae de quien soy,

De quien quiero ser.

Y es que, si no soy un nosotros,

No me vale nada más.

Defiendo los matices, pero me has roto todos los esquemas, listas,

y has dejado cicatrices.

Quiero un todo, un blanco o un negro,

Y no encuentro más que manchas grises,

De artista que no sabe lo que quiere, ni lo que pierde.

Y que ingenua fui al pensar que podías ver en mi color, si fuiste el primero en borrarme y quererme invisible.

Tenía que haberme dado cuenta que era una más,

Que solo te aburrías,

Y es que, qué podría esperar,

Si vas de Sherlock, Watson, y de todos los misterios, y los tienes todos por resolver.

Pero aún así escribo porque me he dado cuenta de que es la forma más desgarradora de pasar el tiempo mientras espero.

Espero.

Espero que me hables, que pienses en mí.

Y me muero.

Muero cada vez que no lo haces porque tengo miedo.

Miedo de perderte, de no ser alguien en tu vida, aunque nunca lo he sido, y tú nunca fuiste mío.

Y parece que lo hagas adrede, eso de llenar de ironía mi vida.

Fuiste tu quién me dijo que para dejar de amar a alguien hay que odiarlo.

Y lo haría, de verdad, pero quiero ser algún matiz en tu vida, y odiarte, no está en mis planes.

Ego y mal

He soñado contigo como hacía tiempo que no lo hacía.

He extrañado cada parte de ti hasta dañar mis entrañas.

Últimamente tengo más miedo que de costumbre.

No porque dude, no porque sienta que te pierdo, sino porque mi ser se ha descontrolado ante tanto "querer".

Ahora veo a las parejas absurdas, embriagada, empatizo con los poetas, aunque les aseguro que lo que estoy viviendo supera toda noche en vela, musa de sus grandes obras.

Puede que por eso mismo me señalen y me tachen de engreída,

Pero si alguna vez tenéis la oportunidad de sentir algo tan poderoso,

Sabréis de lo que os hablo.

Me pregunto si todos los enamorados sienten lo mismo,

Y entonces que hermoso y mediocre.

Aunque en cuanto amor se refiere, no sé si mediocre está en el diccionario.

Cerebro entre tanto corazón

Y ya, aquí, en este punto de la historia, los viajes se hacen más ligeros, las metas más posibles, y las inseguridades más presentes.

Que sí, que el amor romántico, de vez en cuando, está bien. Pero con la cabeza clara, por favor, que por mucho que te regalen rosas, si no le quitan las espinas, te harán daño cuando las coges. Y eso, señores y señoras, aunque se haga sin querer, causará heridas, por supuesto, nada justificables. Aunque la flor sea la más bella, aromática y deseada de todas.

Soy egoísta, echo de menos tu calor solo cuando a mí me falta. Perdona, te lo digo claro, esto no es amor, es falta de abastecimiento.

Miedo

Hablemos de cuando el miedo se apodera de cada fibra de tu ser. De cuando se te escapa todo y sólo te queda lidiar con la ansiedad nacida de la impotencia.

Ahora mismo soy el reflejo de alguien desconocido.

Las ganas guardadas en el cajón de la habitación de aquel que se cansó de luchar.

Los suspiros del que espera un indicio de empezar de nuevo.

Soy la nostalgia de la foto del momento que no sé repetirá.

El reloj que, aunque cansado, no puede parar.

Soy cada una de las promesas creadas para calmar el llanto,

De vida fugaz y nunca con intención de ser cumplidas.

Soy cada uno de los clichés escritos y que se escribirán.

En definitiva, un alma que quiere que todo esto pase,

Que poco a poco el miedo se transforme en tranquilidad

¡Que pase lo que tenga que pasar!

Pero que pase.

Porque no estoy preparada para sacar de mi la fuerza para tirar hacia adelante.

Baile

Me pediste que te bailara,

Y no fui capaz ni de besarte.

Ten paciencia, mi princesa, decía,

Aún sabiendo que eras guerrera,

Aprendiz de colores,

Porque para ti lo de príncipe azul era poco.

Últimamente la nostalgia me consume.

Tantas señales de caminos desconocidos,

Tantos recuerdos convencidos de que no deben ser olvidados.

No me engañaré diciendo que no tengo miedo,

Me mentiré diciendo que estoy segura de algo.

Adolescencia

Hacía ya tiempo que te quería escribir.

Yo con mi sonrisa tonta y tú con la tuya,

Traviesa, salvavidas, mágica.

Algún día nos encontraremos y te saludaré como antes,

Y nos diremos adiós,

O hola,

Dependiendo de cómo esté nuestro vaso,

Lleno o vacío,

Y nos olvidaremos,

Porque, al fin y al cabo,

No somos nada que recordar.

--

Me preguntaré si nos enamoramos,

Siendo no aún adolescentes,

Si nos pensábamos,

Si nos soñábamos,

O si simplemente nos buscábamos para saciar pensamientos con miradas.

Yo no era nada,

Tus eras todo.

No seré más niña,

Si aún cabe,

Y diré que contigo las estrellas brillaban más,

Porque brillan igual,

Aunque no sé si lo hacen,

Porque me pierdo buscando en ellas una esperanza

Que termina con "tigo".

Absurdas son estas palabras después de tantos años

Pero las espinas se tienen que quitar,

Que luego duelen.

Y algún día nos encontraremos,

Y no sé si me saludarás,

Porque, al fin y al cabo,

No somos nada que recordar.

Conversaciones internas

Demasiadas veces ****** me he llamado.

Por no poder mantener la mirada a aquellos que ven.

Por miedo.

Miedo a que vean más de lo que yo controlo.

Temor a que descubran defectos que conozco demasiado bien y que no quiero presentar.

Cuando conozco a alguien me cuesta ser yo.

soy tan descontroladamente yo que no me reconozco.

Extraña.

Hablo poco, me muevo mucho.

Quiero hablar mucho, que me hablen más.

No soy capaz de entablar una conversación, pero me encantan.

Poliamor

Gracioso es lo difícil que es olvidar lo que no tuvimos.

No concibo poligamia, pero es que, ante tus miedos e inseguridades encubiertos con palabras pedantes con mirada amorosa, no me queda otra que buscar amores donde tú me faltas.

Y ahora que parece que ya no quedaba rastro de tóxico, vuelves, más radiactivo que nunca,

para recordarme que soy tuya,

pero que tú no eres mío.

Nunca he estado a favor de un amor de posesión

pero qué le voy a decir a un corazón

que ya no se acuerda de estar con alguien más que con un mismo.

Y en estas letras describo un amor que no quiero,

pero que deseo,

porque está tu nombre en él.

Y es irónico que diga que no hay que tener miedo a irse,

porque soy la primera en tener miedo y salir corriendo en cuanto no te escucho en él.

aun así, sé que me estás perdiendo.

Te estoy perdiendo.

Y cuando me quieras buscar y yo esté cerca de la salida,

temeré seguir el eco de tu voz y adentrarme otra vez en este laberinto que eres tú.

De cuentos

Me hablaron de princesas que no se enamoran.

De príncipes que no daban la mano por miedo a que se la cogieran.

De insultos sin sentidos más que para llamar la atención

y de palabras de amor más dañinas que el propio cuchillo que tenía de boca.

Divagando

No es del amor el que es una ******.

el amor es motor, felicidad, energía.

Lo que lo es son las dudas.

El ser vulnerable, el querer estar y no poder

las decepciones causadas por expectativas imbéciles

el querer más y saberlo

eso es una ******

y el vacío.

Y saber que se pierde, porque, aunque no se diga, duele mucho.

Y el no poderte enfadar porque no hay motivo.

Pero querer hacerlo.

Con las dudas, la inseguridad.

Las excepciones por expectativas, porque son una ******.

Y aquí no hay poesía que valga.

Escribiré todo lo que pueda para sanar heridas.

Para no sentirme sola.

Para exteriorizar sobre papel todo lo que no soy capaz de decir.

Para parar de imaginar y memorizar las cosas malas.

Para no hacer caso de lo que me diga la intuición.

Para creerte.

Para no apagarme.

Para seguir.

31.12

Mentiría si dijese que no soy una persona de propósitos. Pero es que no me gusta fijarme fechas o esperar años que escusen mi miedo o mi falta de voluntad.

Soy muy consciente de lo que tengo que mejorar y que, sin avance, al menos yo, no puedo ser del todo feliz.

Tampoco diré que este es mi año, porque todos lo son.

Parecerá absurdo esto que digo, pero la vida de muchos está marcada en días, que se resumen en semanas, (porque 24 horas no son nunca suficientes), que a la vez se juntan con los meses, porque así, lo pendiente no aprieta tanto. Pero, al final, supongo, siempre se acaba recurriendo a los años nuevos porque son mayores y con aparente más vida por adelante.

Bueno.

Al fin y al cabo, los años son de cada uno y nos amoldamos a lo que nos van llevando.

Por eso no me gustan los propósitos en pluscuamperfecto

Sé razonablemente que es verdad, que si pones fecha y lo apuntas es más palpable, más real. Pero todos vamos acompañados de nuestra mente, que al final, según como, es la tinta más permanente de todas.

Y es que nos repetimos constantemente lo que tenemos, queremos hacer. Nos martirizamos por no hacerlo, o por hacerlo mal, o porque si lo hacemos, nos da ansiedad.

Pero al final somos nosotros quienes decidimos.

Y aquí está el punto de tanto escrito.

No quiero que este año sea un año de propósitos. Quiero que sea uno de decisiones, de superaciones, de acciones. Para poder avanzar, y poder, de algún modo, llegar a hacer la siguiente curva, y así, aprender a bailar al ritmo de mi vida.

1-10

Sobre teórica se escribe muchas cosas. Podemos llegar a rompernos la cabeza sólo con intentar entender qué es eso a lo que llamamos vida. Se me hace difícil explorar qué sentí. Constantemente me sumerjo en lo absurdo. La impotencia me invade al ver que vivo en una sociedad de plástico. No soy nadie para juzgar que es lo correcto, pero se me estremece todo al ver personas de superficies pintadas, de quita y pon, contratos de relaciones fugaces. No sé quién somos, por qué somos, ni en qué momento nos creímos algo para cambiarlo todo. Temo caer en el juego. Sé que a menudo soy dura, pero es que no me quiero relajar, no quiero que mis partículas se vuelvan acrílicas. Quiero sentir, quiero desaparecer para estar, quiero entender una milésima parte de algo. Me gustaría saber porque una persona decide ensuciar el lugar en el que vive. Porque decide dañar a un ser de su igual. Por qué malmete lo que es puro y endurece la maldad. Porque los pixeles son más importantes que la letra, la carne. Por que comemos basura y por qué nos hacemos daño. Me gustaría que mi cabeza tuviera la capacidad de conocer, de no ser tan perezosa. No quiero el conocimiento por el saber, lo quiero para entender, tener herramientas a las que puedas recurrir cuando esté abatida. Carezco de grandes metas más mi mayor objetivo es el de hacer algo para los demás. Puede que me baste con hacer ver a alguien que la vida es maravillosa y que todos se merecen vivirla. Hace poco viví una música interpretada por un artista que me encendió la razón y me engrandeció el corazón. No sé qué habrá sido de ese momento, pero me lo guardo por si algún día me quedo sin comodines. Espero que mi pelo sea canoso si un día lloro hasta matarme de tristeza, y espero valorar y que no se me olvide quien soy, como soy, como amo, como siento, y que la humanidad no me ensucie.

Ens estem podrint, com el fruit de l'arbre penós que creix en terra àrida de valors i pel qual corre sabia bruta que no alimenta. Però el fruit vol fer honor a la flor que un dia va ser, i lluitarà per caure i créixer com un arbre nou, que després de tardors seques i hiverns freds, florirà, donant sentit a les abelles, olorant llibertat, amb un aroma més fort que mai.

Irlanda

Em sorprenc a mi mateixa,
En una carretera desconeguda
Escoltant cançons que mai havia entonat,
Amb una sensació extrema de llibertat.
Amb mi mateixa com a única acompanyant,
I, per fi, després de tant de temps,
Estic en pau.

Extraño el paso del tiempo
En ocasiones me encuentro distante,
En una nebulosa que yo misma he creado.
Lejos de mi entorno, de cualquier ser humano.
Es un estado de desconexión,
De dejar pasar los minutos correr,
como si estos tuvieran una meta donde llegar.
No creo que sea, para nada, algo malo.
Es un duermevela interno,

Como esperando que algo suene para despertarme,

O para terminar de entrar en un estado de vigilia.

Amnesia

Ya no me encuentro en nada de lo que escribí.

Lo que un día me desgarró el corazón dejando heridas que ni el mejor cirujano podía curar.

Ahora me suenan a palabras dichas por una boca extranjera.

Leo líneas atormentadas,

Que, a juego con la Luna, vienen y van,

Creando mareas de pensamientos que una vez fueron terapia

Pero que ahora no despiertan nada.

Supongo que de eso se trata

Supongo que aquí está avanzar

Supongo que no hay mayor prueba para ver

Que el tiempo

Es el mejor ladrón de muñecas rotas.

Noches

Vestigios de carmín

De noches largas

Compañeras de Luna, estrellas.

Miradas cómplices,

Sonrisas extrañas,

De extraños.

Palabras cuyo significado

Cobra sentido

Cuando se susurran a medianoche,

O en todo ocaso,

En la salida del sol.

Buenas noches perdidas,

Por exceso de cansancio,

Y despertares que duran todo el día

Por no cerrar los ojos,

No vaya a ser que se nos escape algo.

Tengo hoy aquí un tesoro

Que baila al ritmo de aventuras vividas.

Amics

Tengo ganas de decirte que te echo de menos.

Que estoy bien,

Que tengo unos amigos que valen todos los imperios habidos y por haber.

Que los quiero mucho y que son luz, vida,

Amor en todo su significado.

Que les hago una poesía mal hecha

Porque ellos mismos la arreglan con su forma de ser,

Tan suya, tan mágica.

Tengo ganas de decirte que te pienso.

Que te pienso bien.

Que estoy aprendiendo tantas cosas

Que mi cerebro está en fiesta constante.

Soy un poco menos responsable,

Que me río más que nunca,

Que tengo hogares en momentos

Y corazones en personas.

Me descubro en despistes

Que camino por falta de cabeza.

Nunca nos quedará París

Las paredes se me hacen pequeñas,
Y por eso escribo por todas partes.

Que París nunca fue nuestro
Y esa es la lección más válida para aprender a no planificar,
A dejarse ir, a dejar ir.

Que al final los tópicos resultan verdad,
Y que las ironías son tan caprichosas,
Que se hacen mimar.

Conte sobre l'ansietat.

Quan et vaig conèixer eres petita i portaves una màscara que no em permetia veure't el rostre. De fet, va ser aquest migrat detall, que creia que no tenia importància, el que em va fer pensar que no eres més que una debilitat temporal. Poc a poc, però, et vas fer un lloc a casa meva. Vas instal·larte i m'obsequiaves amb delicats presents que jo guardava i que, mica en mica, ens van anar unint. El primer regal va ser un rellotge. Recordo que tu en tenies un d'igual, amb la diferència, però, que el meu, cada temps indefinit, provocava un tremolor que me deixava paralitzada.

Més endavant ens vam anar fent cada vegada més properes. T'asseies a les meves espatlles i em xiuxiuejaves històries a l'orella que només jo podia sentir. Eren contes irracionals però que m'explicaves amb tanta eloqüència que no vaig poder si no, creure-me'ls. Cada vegada aquestes narracions eren més seguides, fins al punt que em vas fer viure una hipèrbole constant en la que els petits detalls es convertien en terrors. Em vas fer tenir por de coses que no tant sols tenien sentit, accions que abans hauria deixat passar desapercebudes.

Però quan em vaig adonar de tot això, ja va ser massa tard. D'alguna manera et vas allotjar en mi. Ja no era un pacte temporal si no que et vas guardar en el meu ser. Ja no et feia falta situar-te a la meva espatlla perquè ja estaves dins meu. I quan volies, sorties en forma de debilitat en els ulls dels altres i en forma de turment per mi. Tu t'aferraves de tal manera que em feies creure que érem una. Però em negava a acceptar-ho. Em nego a acceptar-ho. No som una, som dos. I hi haurà algun moment en el que marxaràs de mi i en que tots els pensaments que has anat deixant en el meu inconscient desapareixeran. Ja no hi haurà rellotges ni unions. I és que, petita, no ets més que un diminut monstre que s'alimenta de les seves pròpies pors. Depenent del seu propi imperi, que desapareix al veure que ja no és benvingut.

Algun dia et trauré la màscara i ja no et podràs protegir sota el teu escut.

Orgullo

Esto será lo último que te dedico,

Pues no te daré el honor de ser primero.

Lo fugaz puede matar más lentamente que lo pactado,

Claro ejemplo son las estrellas,

Y contigo aprendí que es tan fácil engañarme,

Que me planteo si me lo estoy haciendo ahora.

Me gustan los misterios,

Y tú fuiste uno.

Tan pasado como reciente,

Nunca presente,

Aunque va bien recordar,

Si es para aprender.

Así que vuelvo a valorar las palabras, pero no las que tu manchaste de sangre,

Ya es que el único escarlata que quiero,

Es el de mis labios.

Pero tú, te dejarás matar por tu ego.

Revivir

Es como si nada tuviera sentido

por mucho que me esforzara,

reinaba en mí un vacío

que intentaba llenar con rutinas

marcadas por un ritmo

acompasado, que seguía

un cuatro por cuatro

que cada dos por tres

intentaba romper

para tocar unas notas

en un mundo

donde nada me recordaba a nadie

pero, sin embargo

poco a poco

noto como las llagas de mis dedos

nacidas de tanto intentar

van doliendo cada vez menos

y como,

por fin

estos bailan sobre las cuerdas

ya no tan flojas

creando una melodía llena de mi.

No es que el vacío se esfume por completo,

es que ya no tiene tu esencia

es que ahora es solo mío

y por eso lo acepto y lo quiero,

sin más.

Y es que mi piel se vuelve a emocionar con canciones,

vuelvo a mirar a los ojos,

vuelvo a conectar.

Mis pies bailan descalzos

mi pelo está despeinado

y yo vuelvo a sonreír de corazón.

Resignificar

Nada tan bonito como la victoria

de leer aquellas palabras

en su día escritas con tanto dolor

y sentir que todo está bien.

Y que Cortázar tenía razón

con eso del tiempo y todo eso

y que al final siempre hay luz

la de uno mismo.

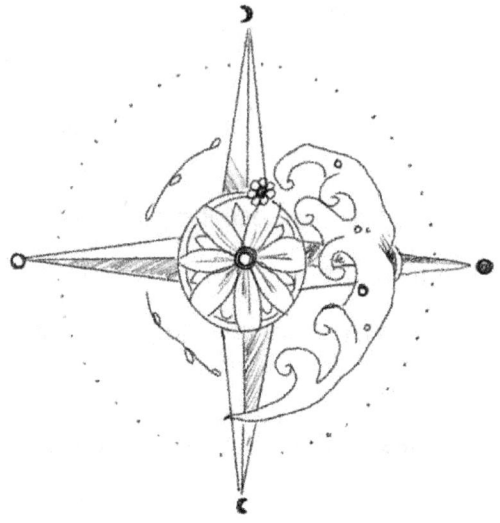

Reconstruir

A veces hace falta un *******
para darte cuenta
que tus pilares no son tan firmes
qué estás hecha de carne y huesos
y que las cuchillas cortan sólo con rozar;
aún no soy capaz de leer lo que escribí hace unos meses,
parte de los poemas de niña rota
que defiende un amor radiactivo.

Al menos mi postura ha cambiado
y lo veo todo desde una perspectiva mucho más cómoda.

La verdad es que dejé de escribir por pereza,

por pereza a pensarte.

Pese a que te has ganado un lugar en mi cabeza,

mucho a mi pesar.

Pero te empeñas en aparecer y en darte luz verde.

Parecemos dos tontos que se van dando palmadas,

a ver quién la da más fuerte.

Pero yo ya estoy cansada de hablar con un ego que no entiende de razón,

y que solo lanza miradas desdichadas y pedantes

sin metáforas esta vez.

Luz

Poco he hablado de las personas que son luz,

las que te recogen con una mirada que abraza,

las que comparten alma

y con las que es imposible no hacer fuegos artificiales.

Poco he dado las gracias a aquellas que me han acogido sin conocerme,

o que lo han hecho cuando ni yo misma lo hacía.

Esa sensación de amor,

de sentirse querido bien,

de recargarse cual estrella,

sabiendo a ciencia cierta

que se está vivo.

Gracias por todo, de corazón, de alma, de ser.

Gracias de verdad.

Hoy me has permitido perderme entre letras

has compartido un pedacito de ti

lleno de vida, de luz, como eres tú.

Has dejado que creara siendo tu musa,

como contaste,

y es que cualquiera que no lo vea no tiene otro nombre que ciego, o de qué sé yo.

Gracias por regalarme tiempo

y por abrir el corazón cuando el mío estaba hecho añicos.

Y de pronto

como luciérnagas de luz,

te hacen sentir un amor sano,

puro, real

que te llena por dentro y te hace entender,

sentir,

lo afortunada que eres.

Gracias,

de verdad,

por abrir brazos cuando los míos estaban aún atados a demonios,

a malas decisiones, ya fantasmas,

que, con todo,

ya no volverán.

Secretos

Tengo bajo llave algunos escritos

que rara vez verán la luz

pese a haber surgido de últimos suspiros,

de anhelos por vivir.

Esos eran míos

y me volveré egoísta.

Los recuperaré en días lluviosos

y puede que en alguna que otra noche

en que las estrellas

se vayan a dormir antes que yo.

Mientras tanto

seguirán bajo llave,

supongo,

y hasta que no duela y nada tenga sentido,

me olvidaré de dónde la he guardado.

Ansiedades

Y de golpe,

cual puño en boca,

dejándome sin habla,

pero sin dejarme cerrar la boca,

me inmerso en una rutina llena de dudas.

Dejando el mundo atrás

aplastada en una sociedad

que sin conocerme

siendo yo un número más

me presiona para seguir unos estándares

que sin saber quién los marcó

marca la norma más difícil de seguir nunca escrita.

Por qué no,

aún no trabajo de lo que he estudiado,

y ni siquiera sé por dónde empezar.

Porque sí,

tengo sueños incumplidos

que arrastran mis legañas cada mañana cuando suena un despertador programado a diario.

Porque, no sé,

Quizá, no esté en mi camino,
o sí,
pero me es imposible de saber aún
porque nadie marcó una cruz en mi mapa.

Intenciones

Pese a todo,

tengo conmigo una intuición,

un criterio

y unas ganas de vivir infinitas.

Que mientras haya en mí

corazón y tiempo

las utilizaré para encender la luz cuando sea de noche y no vea nada.

Igual me equivoque,

igual coja una salida que no es.

Pero igual,

También,

me lleve a aprender,

a conocer,

a vivir.

Y de momento,

esto me parece bien.

A mí misma

Por todo lo que nunca me dije:

no me guardo rencor por las palabras sordas,

llenas de odio,

causadas por pensamientos a gritos,

de temor.

Por querer parar y no hacerme caso.

No tengas miedo de mostrar una piel llena de cicatrices,

ni intentes borrar a golpes de tu mente a todos aquellos que en su día te dieron los cuchillos.

Todo pasa.

No pasa nada por sonreír de más,

ni mucho menos por derramar alguna lágrima de vez en cuando. Limpia el alma.

Hablar es la mejor herramienta,

y puede ser virtud,

cuando las sombras acechan y borran el camino.

A veces es mejor decir y oír verdades que callarse, creando un pase en el corazón.

No pasa nada por tropezarte mil y una noches con la misma piedra, siempre y cuando lo hagas con cariño y cuando estés preparada.

Y saber soltarla, porque, aunque no lo sepas ver, tú también tienes alas.

Retrogresión

El corazón empieza una carrera sin descanso. Parece cosa de vida o muerte el salirse de este pecho lleno de rasguños y cicatrices bordadas por los mejores maestros de costura.

Cada latido se transforma en un dolor de cabeza, una lágrima fugaz, salada, que lucha con el frío, cortando cada poro que en su día formó arruga de risa.

Cómo me voy a entender si a veces ni yo sé en qué idioma hablo.

Si me hubieran dicho hace unos años que estaría así, me hubiera reído de la razón, contándole al oído que quizá no debería ser tan rígida.

A veces me da la sensación de que con boli en mano no hago más que rascar palabras convirtiéndome una vez más, en, tal vez, la misma niña triste.

Y la verdad es que nada más lejos de la realidad, pues tengo una vida que me encanta vivir.

Solo es que, a veces, la cabeza por mucho que corra no llega a alcanzar al corazón en carrera constante y necesita ayuda de pensamientos trazados en tinta.

Reconciliación

Es algo así como decirte que tus ojos han sido espada.

Que me he desnudado ante un infierno que me ardía antes de recibirme.

Me ataste en un poste que escogimos los dos juntos y yo lloraba solamente porque las cuerdas no me dejaban abrazarte.

Me he cosido armaduras de oro en el pecho para parecer más fuerte

y he amado mi soledad sin comprenderla.

he pintado mis ojos de negro para trazar rayas en mi cara cada vez que me visitabas,

y así recordar,

minutos después,

cuando me encontrase en el espejo,

que me he querido mal.

Aún a veces lo hago,

pero mi tez ya no es tan salada.

Aún a veces canto canciones a nosotros, por si algún día llegan bien.

A un tu y a un yo que se asemeja a un reflejo, a un tú y yo solo mío.

A alta mar

Hay despedidas hechas por y para valientes
hasta luego que llenan a partes iguales
corazón y lágrimas
besos repletos de agradecimiento
y emoción por lo que vendrá,
por lo que ya no será.

La vida es el único mago que no tiene truco.
Y es que por mucho que se lo pidas nunca te dirá
dónde tiene escondida la carta que al inicio de la partida
te ha hecho recordar
porque es tan suya,
que solo ella decide cuándo la debe enseñar.

Pero este mago brinda cartas a los valientes.
Guerreros como ellos,
que cogen timón por banda y hacen de esta vida
aquello por lo que está descrita.
La viven, la exprimen,

y da igual si el truco sale bien o no,
porque saben cómo disfrutarlo.

Y esas personas, si tienes suerte de cruzarte con ellas,

serán los mejores maestros para decirte,

que cantar es la mejor manera de despreocuparte,

que ser niño es lo más valioso que te puede pasar

y que aproveches para ser loco hoy, que mañana no sabes qué cuerda te atará.

Estas personas, si tienes suerte de cruzarte con ellas,

te llenarán los ojos de ilusión,

de amor el corazón.

Y por mucho que lo intentes no encontrarás

gracias suficientes,

palabras con suficiente significado

para decir que han hecho en ti un hogar, una casa, una gran lección.

Palabras necias

Soy un desastre.

Siempre lo he sido.

Soy un desastre a puerta abierta.

Desorden ironizado

que, sin listas, se estresa.

Torbellino de ideas.

Caos en cada paso que hago.

Indecisión constante,

río turbio con el caudal más lleno de vida nunca visto

desastre natural, humano, desgarro,

cicatriz a centímetro cuadrado

desastre, simplemente

pero un buen desastre.

2019-2020

Pasado un tiempo me volví a enamorar. Ahora veo que mi corazón estaba preparado para recibir amor, pero que era el propio el que estaba esperando. A partir de ahí empecé a escribir desde la yo soñadora. Me volví a enamorar cuando pensaba que ya no era capaz de hacerlo. Siento hoy día, pero, que el miedo a no saber si podría volver a hacerlo, me hizo correr demasiado. No poner los cementos donde tocaban, viviendo un amor bonito, pero también dañino. Dañino para mí por qué no tenía aún claro mis límites. También porque los rasguños aún no habían dejado cicatriz curada. Me aferré a ese amor dejando que arrasara cada parte de mí. Fue un amor muy bonito que me enseñó a querer bien, y a quererme mejor. Ese amor terminó pasado un tiempo, pero dejó poemas que me recuerdan que soy capaz de querer mucho y bonito. En esa época fui consciente de mis heridas reales, de dónde venían, y donde debían ir. Fue una época que recuerdo un poco borrosa porque pasaron muchas cosas. Aun así, la describiría como una etapa de inicios, de crecimiento y de mucho entender. Hoy, después de esa etapa, siento que me hizo mujer. No encuentro rastro ya de esa niña triste, sino que siento que hay una niña cuidada reconocida y sanada. Lo pongo en contexto porque vienen bastantes poemas de amor, y tal cual lo escribí, lo sentía. Luego me di cuenta de que gran parte de ese amor lo debí canalizar en mí misma porque no hay semilla que crezca solo mirando los ojos del otro. Perdí fuerzas, pero las recuperé en el momento en el que me prioricé. Y eso creció hasta día de hoy, sabiéndome mujer, y cuidando lo sagrado de mi vida.

Declaración de intenciones

Es personal

pero no es tuyo,

sino cien por cien mío.

No es que te espere por como eres,

sino por cómo me entiendes como yo no lo hago.

Tampoco por cómo me aceptas,

que también,

pero más por cómo me haces cuestionar las cosas que tengo tan claras,

y por el respeto con el que lo haces todo.

Un poco, también, por cómo sonríes, ante todo,

Y, sobre todo,

por no saber cuánto te brillan los ojos cuando cuentas esas cosas tan extrañas que solo tú sabes.

Quizá también te espere porque sabes que no soy especial por quien soy, sino porque no hay dos como yo, y esto te encanta.

Quizá esto no sea tan cien por cien cierto,

Y sea tan mío,

Que sea un poco tuyo también,

o tan nuestro.

Y sea porque te emocionas con ellos tanto como lo hago yo.

Y por no querer luchar

pero sí tener la piel llena de cicatrices, que enseñas porque vives como el que más.

Miedo llorón

A veces me quedo tan quieta que tengo miedo de olvidarme como se mueve mi cuerpo.

A menudo me imagino mis ojos negros,

sin ser feroces,

solo reflejando el laberinto en el que se encuentra este pozo.

Me sorprendo a mí misma no haciendo lo que quiero,

escuchando música en claves menores,

pintando poco a poco lágrimas en rostros ajenos.

Dulce llanto

Me gustan los días que huelen distinto,
porque saben distinto
amanecen distinto.
Las lágrimas lentas
que corren sin pausa
de ojos cansados de noches no soñadas
me gusta acostarme pensando en verte
sin haber quedado
en estar despierta entre tus brazos
abrazada,
acariciando tu espalda
sintiendo el paso de mis huellas
por tu cuerpo, que se contrae
a cada centímetro ya no imaginable.
Me gustan los días que suenan distinto
porque saben distinto
se sienten distinto.
Los susurros suaves

que gritan en bajo

las palabras en ti pensadas.

Me gusta encontrarte en las estrellas

Brillantes, coquetas sobre mis piernas

ayudándome a correr hasta encontrarte

riendo, bailando, siendo atleta,

atleta de cosmos

de corazones rotos

de los 100 metros de libertad

de hasta aquí puedo soñar.

Consciencia

Me he sentido de cartón

y he sido de papel

y aún sentir como pocos

he querido destripar todo mi ser

he sido cristal,

por invisible,

por frágil,

por fácil de moldear

y me he fundido con el mismo fuego

del que ahora quiero escapar.

He sido espejismo,

Duna,

pueblo perdido.

He conquistado pensamientos

y me he rendido con mis tormentos.

He sido todo eso

he sentido todo eso

soy parte de ello,

y aunque ahora es un río más,

siento diferente, sé diferente,

aún soy vestigios de aquello.

No pasa nada,

solo quiero que pase, me digo.

Que ahogue.

Que marche.

Que apague.

Que comprenda,

que, para ser,

tengo que haber sido.

Cuando no pasaba nada

No pasaba nada
pero por su cabeza pasaba todo.

No entendía por qué el huracán que se formaba cada día en su cabeza no tenía fin.

No pasaba nada.

Veía errores donde había tranquilidad.

Jugaba con fuego

a milímetros de quemarse.

Y luego lloraba.

Pero las lágrimas no apagaban el fuego.

Solo lo acariciaban para tomar más fuerza en otro momento,

cuando no pasaba nada.

Dónde no es

No hace falta escribir largo para entender que algo no está bien.

Lo he vuelto a hacer, he ido demasiado rápido, y ahora me arrepiento, por qué no me encuentro.

Lo he vuelto a hacer.

Me he enredado en un hilo de sinfín de dudas que me come por dentro y me hacen ver que algo no está bien.

Pero qué es

qué no está bien

qué me falta cuando lo tengo todo.

Qué me llena cuando ya no cabe nada más

qué me falta para llegar a la paz.

Quizá debería dejar de pensar tanto.

Limitarme a hacer y dejar atrás todo aquello que no me deja ser.

Qué me falta

qué no tengo

porque no puedo estar tranquila, por qué no me puedo limitar a ser.

Echo de menos algo que tenía y que ya no.

La dependencia volvió a llamar a mi puerta.

He tardado mucho en encontrar los frutos.

Será eso

que la cosecha no era de los resultados que esperaba

tendré que esperar menos y sembrar más en mí

así consigo dejar de preguntarme

y nada más.

Inseguridades celosas

Cuerdas de pensamiento que están en mi cuerpo
paralizan mi mente hasta crear remolinos de pensamientos que ahogan
acallan corazón y pulmones
llegando a sellar mis ojos por el cansancio,
pero nunca dejándome descansar.

Hace tiempo que no me miran
hace tiempo que solo ando
no tengo rumbo y no encuentro unos brazos que me esperen.

No soy ella.

No tengo su pelo ni su piel ni siquiera su trazo.

El vacío se hace grande y cada vez me doy más cuenta de que no soy ella.

Quizá no nos hemos encontrado para ser amantes,

pero ahora mi corazón ya está demasiado ligado al tuyo,

y el miedo crece al pensar que estar atada puede volver a cortar y a dejar cicatriz.

Nostalgia

I en moments així, la vida es forma d'últimes paraules.

Els meus ulls llegeixen ràpids converses inacabades amb persones que un dia van formar part de la vida i ja no hi són.

La nostàlgia em parla i es pregunta en veu alta què pensaran aquestes persones de mi. Què els ha portat a traçar últimes paraules, si és la vida la que va bufant i decideix separar els camins, o si són esdeveniments més claus que, ignorant, desconeix.

I es pregunta.

I la nostàlgia creix, però sap que no passa res perquè tot passa per alguna cosa. I llegeix últimes paraules. En algunes riu. En algunes sent pena. En algunes té l'impuls de preguntar... però sempre passa, perquè igual, diu, les últimes paraules estan fetes per traçar un punt i final.

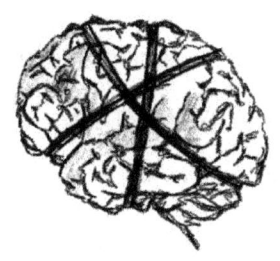

Ansiedad divino tesoro

Siento que todo ha pasado pero que mi corazón aún corre.

Me quedo sin aliento aún estando estirada y mi mente va a lugares tan lejanos que no puedo reconocer.

Quiero ser ligera pero el pecho me pesa demasiado

y me encuentro agobiada pensando en horarios y entregas pese a tener todo el tiempo del mundo.

Quiero parar, pero no puedo.

Quiero disfrutar, pero parece que ya no me acuerdo de cómo.

Aprendo a estar conmigo misma,

a gestionar el mundo que se crea dentro de mí,

para nada distinto al que hay fuera.

Estoy en la búsqueda de aquello que me pueda dar alas y me ayuda a respirar mejor.

Mientras tanto me voy cuidando.

Riego la flor que me da vida,

me pide oxígeno y le pide a la mente que no piense tanto.

Mente y respiración batalla en una carrera donde,

cuanto más rápido se va,

más duele.

Estos días me inundan pensamientos en los que debería ser.

Debería ser.

Debería ser, crear.

Porque el tiempo pasa

y yo debería ser.

¿Debería ser?

dónde debería llegar, si la única meta soy yo.

Sí yo ya soy. ¿Si no, tengo que ser?

¿porque mi mente se esfuerza en buscar fuera, en un mapa, cuyo tesoro ha estado y estará dentro?

¿Porque siempre se exige conseguir logros que ella misma se impone y cuya recompensa no es más que sufrimiento?

mi mente corre.

Y cuando corre acelera el corazón.

Y el corazón se coge a los pulmones,

qué van a su ritmo.

Y en este trayecto donde el único final posible es agotamiento, les pido que paren.

Que no tengo que ser nada.

Que ya soy.

Que quien soy es lo correcto para mí.

Que no tengo que hacer nada para ser.

Porque yo no soy mis logros,

ni mis metas,

ni las recompensas,

ni siquiera mis palabras, ni mis sueños.

Tan solo soy vida, y con esto basta.

Sueños lúcidos

Los latidos reposaban
a ritmo de tus suspiros.
Tú dormías agarrado
a mi cuerpo inmóvil.
Yo solo quería fotografiar ese momento
para que durará para siempre.
No quiero que te vayas.
No quiero que me faltes.
Tus manos formaban un molde perfecto para mi cintura.
Tu aliento era la niebla que cubría mis curvas.
Y tus ojos cerrados. Perfectos. En calma.
Era una metáfora perfecta para estos días.
Tú eres casa te repetía
y así lo siento
y así lo quiero.

Crecía un magnetismo

cada vez que te miro.

Tu mirada esmeralda y miel me abraza

cuéntame más, y así puedo quedarme un rato contigo

enséñame cómo vivir, a ver si lo consigo

no sé cómo lo haces, pero es todo tan dulce

ojalá una eternidad, para los dos juntos.

Noches lúcidas

Mi ventana me decía que era demasiado tarde

la luna me miraba

de mujer a mujer

y me cosía un punto y aparte

yo quería despertar a tu lado siempre

he probado la miel y la falta de ella lo hacía todo menos dulce

yo quería dormirme agarrada a ti para siempre

he sentido el fuego y sin él tengo frío

construí un reloj yo misma para parar el tiempo

pero descubrí que no funciona así,

que a veces querer no es poder, pero es que yo te quiero tanto

Carta de amor

Qué te voy a decir
si mi poema preferido
son tus labios con los míos.
Si mi ruta soñada
son tus dedos
acariciándome mi calma,
mis inseguridades, mis gritos, llantos,
y, sobre todo, mi alma.
Qué te voy a decir a ti que no sepas
alma blanca,
que te voy a decir.

El suave tacto del que ama
La piel gritando más
y el corazón intentando no salirse
la oscuridad cobra tonos grises
y aún cuando más echo de menos
hay una luz que lo endulza todo
puede que ahora estemos separados

tú a lo tuyo y yo a lo mío

pero aquellos que andan

se acaban encontrando.

Rendición

Hay veces que me inundan los pensamientos grises.

Y por más que intento vaciarlos,

como cuando queríamos quitar la arena de la playa para construir un fuerte alrededor de nuestro castillo,

mi cabeza y corazón se vuelven a llenar, arrasando como las olas del mar, creando un estanque en torno a un Alcázar medio destruido,

Destruido por miedos e inseguridades, protegidas no por murallas, sino por cristales.

Y sin ninguna razón aparente,

yo me esfuerzo en seguir llenando cubos de arena,

quizá para seguir viendo cómo se funde con el agua,

quizá para después rendirme,

y nadar en ella.

Miedo natural

Es como si siempre estuviera huyendo de algo.

No puedo dar un paso firme porque siempre habrá 1 cm de su ser que tocará el suelo por si tiene que huir.

Se refugia queriendo mucho pero no dejándose querer tanto por si acaso

es mejor mantenerse ocupado para no sentir el dolor de no ser querido

es mejor mirar hacia otro lado y simular que no importa porque otras veces ya ha pasado

querer es condicional natural

igual que el miedo al abandono y al no ser tenido en cuenta.

Pensamientos rocosos

Quienes han subido una montaña saben cómo, después de las horas de andar rumbo a lo alto de la colina, donde hay unas vistas preciosas a modo de recompensa,

con el aliento desacompasado y las piernas ansiosas de un descanso,

el corazón puede alcanzar la paz del esfuerzo y el acunado de la naturaleza.

Irónicamente, para alguien con miedo a las alturas como yo, todo esto va anudado a un vértigo que acelera un corazón en pausa pidiendo irse de allí.

¿Habéis sentido alguna vez algo parecido?

Estímulos de paz, de bienestar, armonía, ligados con temor, nervios, intranquilidad, deseo de huir.

No me hace falta subir una montaña para sentirlo.

Porque a veces el vértigo son personas, momentos, lugares.

Nana curiosa

Dónde están los versos escritos por un corazón que no podía amar más

¿dónde están?, ¿dónde están?,

dónde están las ganas de dejarlo todo por pasar unos minutos más contigo, anhelando que pudieran ser horas,

¿dónde están?

en qué lugar se encuentra esa cámara gastada por fotografiar sus ojos que fueron luz, por si algún día no llegaba la electricidad

¿dónde está?, ¿Dónde está?

¿sigo siendo la misma que lo buscaba?

¿porque ya no puedo encontrarlo?

¿dónde están las ganas, los nervios, ocupaban, quizá, el lugar que ahora ocupa la tristeza?

Descompás de realidad

Perdona que me presente tan temprano.

Sé que estás durmiendo.

Nunca se nos ha dado bien eso de coordinar nuestros horarios.

Cuando tú tienes prisa, yo pido calma.

Y cuando entro en acción, tú aún te estás preparando.

Perdona si te molesto.

Sé que dices que no lo hago, pero a menudo siento que sí.

Estoy aquí porque mi corazón necesita hablar.

No encuentra su lugar, está perdido, sin hogar.

Su segunda residencia está en llamas.

Y la primera ha llorado tanto que lo ha inundado todo.

No es un refugio lo que quiere.

Le da igual dormir en la calle unos días.

Solo quiere arreglar todo lo que se ha quemado y quitar las maderas podridas por la humedad.

Cansancio ansioso

Se me corta la respiración.
No.
No puedo respirar del todo.
Es como si pulmones y aire hubiesen entrado en guerra.
Guerra de corazón roto en la que uno no puede saber del otro, porque duele.
Los ojos pesan.
Y la cabeza grita basta sin fuerzas.
El pecho pesa tanto que el cuerpo no puede seguirlo
y con ese egoísmo
se lleva un último suspiro.

Adiós anticipado

No me quiero ir a dormir sabiendo que no te puedo besar.

Que nuestras pieles no se acariciarán por la mañana.

Que nuestro olor no será el mismo.

O que tus brazos no me estrecharán con tu pecho.

Sabiendo que, por la mañana,

andaré por las calles con tu recuerdo.

Pondré tu risa en mi reproductor de música,

y mis pasos pisarán al ritmo de tu voz,

acompasar en mis latidos con tus miedos

para así hacerlos nuestros, y ser casa en cualquier rincón.

Llevaré mi rutina contigo.

Deseando que llegue un día en el que sepa que nuestros labios se podrán encontrar.

Olla a presión

Hay días en los que simplemente no puedo hacer nada.

Pese a que la agenda esté llena de listas de cosas que hacer, la cabeza, simplemente pide unas vacaciones forzosas.

Vacaciones forzosas de tareas y obligaciones,

porque ella no para de pensar y no descansa en eso de ponerse en lo peor.

Y mientras la mente está en pleno ejercicio de 100 cosas que saldrán mal

por tu estómago corren colonias de hormigas ajetreadas y nerviosas.

Y tú, en medio de todo ese jaleo, solo puedes pensar en la de cosas que tienes que hacer y en la imposibilidad de cogerte un día libre.

Siendo éste el detonante de una explosión,

de estrés que te paraliza

y que no te pide ninguna excusa para llorar por cualquier cosa

a todo esto, el cuerpo te grita, descansa

y tú, harta de tantas órdenes, coger el mando,

y lo apagas todo.

Bifurcaciones de un mismo camino

Es como que hay una parte de mí que quiere comprender porque es tan complicado.

Veo en mí partes de ti y quiero huir.

Las gotas riegan mis mejillas, pero en vez de nutrir, escuece.

Otra parte de mí abraza este dolor y lo entiende.

No le importa que estén tus cosas aquí,

más al contrario, refuerzan la nostalgia del que echa de menos.

Pero a estas dos partes le cuesta entenderse,

y a menudo discuten por ver cuál es más fuerte.

Siendo peleas sin sentido para los dos,

pues son manos de un mismo cuerpo.

Tiempo

Siento el tiempo como una enorme pompa de jabón,

como aquellas que nos gustaban tanto cuando éramos pequeños.

No sé hacia dónde irá, ni cuánto durará...

cuando se convertirá en pequeñas porciones incontrolables que lo salpican todo,

pero que pocos notan.

Y siento que debo controlarlo,

que debería saber por dónde volará,

y cuándo morirá.

Pero es que lo cierto es que no tengo ni idea,

y tampoco tengo forma de hacerlo.

Así que de momento intento jugar con él,

admirando la belleza de la vida como se refleja.

Caminante no hay camino

Caminando halló un sendero
mis pies descalzos me narran la historia
de cada una de las piedras que hay en él
me gustaría saber más,
pero el conocimiento me llega paso a paso.

Aunque en mi corazón desea correr
a latidos que van más rápidos que el tiempo
su frenetismo es incapaz de responder el cómo,
el cuándo, el por qué.

Es entonces cuando mis pies descalzos se visten de miedo,
y con este calzado de vida,
intenta escuchar las historias que ese sendero tiene por explicar.

Accidente

Recuerdo un impacto y,
acto seguido, lluvia de cristales.

Corazón parado y vista nublada
sabor a sangre y movimientos de autómatas,
no saber dónde estás ni por qué estás ahí.

Solo lo que querías hacer y que ahora no tiene ningún sentido.

Desconocidos que se convierten en casa a la fuerza.

Y cuerpo temblando incapaz de racionalizar nada.

Doy gracias a Dios que estamos todos bien.

Porque me da miedo haber saboreado lo frágil que es la vida.

Buey

Mantenerte la mirada es un pase directo a mis miedos e inseguridades.

Tus ojos miel me recuerdan cuán vulnerable es aquel que ama de verdad.

Mirarte es un viaje a vidas pasadas y un vuelo a vestigios de momentos vividos.

Pero mi cuerpo y espíritu están aquí presente,

aprendiendo, creciendo, encontrándose.

A menudo me hago las mismas preguntas,

y tú, siendo aire, me recuerdas que no hay sendero,

sino que solo hay amor,

y que con eso vale.

Y yo, siendo tierra, entiendo que no hay mayor seguridad que aprender a sentirse bien siendo vulnerable,

y que la vida no entiende de contratos

Meditaciones

Un fuerte peso en el pecho te obliga a sentarte.

Tu cuerpo pide a gritos que le dejes caer

y tus hombros que te relajes.

Los pasos cuestan más,

parece que la meta está más lejos.

Dormir se ha convertido en un placer del que ya no te acuerdas.

Pero lo cierto es que el tiempo pasa para todos igual.

Aunque parece que a veces las agujas.

para ti,

opriman más.

La solución no siempre es parar,

porque hay veces que no se puede.

--

Así mismo,

el río no para nunca.

A veces sus aguas están en calma,

otras llevan consigo las tormentas más temibles.

Nunca para de correr.

Pero si te fijas, lleva en sí la calma,

fluye, se deja llevar.

Para él no existe un pasado,

aunque ha recorrido un largo camino,

ni un futuro, aunque sabe dónde se dirige.

Solo un presente.

Un único fluir.

Se consciente como el aire entra en tus pulmones.

Como estos se hinchan y se llenan de vida.

Puede ser que el peso dificulte este movimiento,

está bien, no hay prisa.

Siente también como se va,

y con él, pequeñas partículas de ese peso que se ha puesto ahí para decirte algo.

Está bien, cuando estés preparada, le harás caso.

Deja caer tu cuerpo, con cuidado.

Ese cuerpo que sujeta tantas cosas,

que lleva tanto peso a veces.

Nota como toda tu columna lo sigue,

como formas parte del todo.

Y con ello, tus hombros.

muévelos, te lo piden.

Arriba, abajo, estirando los brazos…

No importa, déjate llevar.

¿Y que pasaría si dejáramos caer todo nuestro tren superior y se lo confiáramos en nuestras fuertes piernas, con cariño y delicadeza?

Respira, fluye como el río.

Déjate conquistar por la calma del presente,

Aunque solo sea por unos segundos. (o el tiempo que tardes en leer esto)

Autoabastecimiento

Heridas del alma, dolor profundo

que llama a la puerta para recordarte que aún hay trabajo para recorrer.

A veces llama tan fuerte que tira la puerta al suelo,

la casa entera, quedándote desnuda con tu corazón como único faro.

Y es ahí necesario recordar que con tu luz basta para recorrer todas tus sombras.

Y desde entonces imperativo sumergirte en las profundidades para encender la chispa que lo alumbra todo,

que da paso al camino sin línea de meta,

para seguir construyendo casas,

recibiendo sombras

y tejiendo aprendizajes.

Y aceptación

Solo a veces soy realmente consciente del paso del tiempo.

El otro día había una persona con la que compartí un trocito de vida haciendo algo que, en su momento, nunca hubiera hecho.

Y se la veía realmente feliz.

Dentro de mí se abrió un cofre de nostalgia,

cuya llave tenía el anhelo de volver a abrir la puerta que en su vez se cerró.

Pero, llave en mano, me doy cuenta que es así como realmente tiene que ser.

Y también me doy cuenta de que yo también he cambiado.

Que me permito cosas que antes no, y, sobre todo, me permito ser de una forma que antes era impensable.

Me permito amar, me permito tener voz, me permito ser.

Y así soy realmente consciente del paso del tiempo.

Y lo abrazo, con su nostalgia, con su qué hubiera pasado sí..., con su curiosidad, su culpa, y su felicidad.

Coincidir

Hay momentos que curan,
que hacen "reset",
que se vuelven casa con un gran paso nostálgico a la que volver.

Esos momentos a veces son muchos,
otras cuestan más de encontrar,
Pero sea como sea, cuando suceden, recuerdas como de mágico es vivir, como de mágico es nuestro lugar en El Mundo, como de maravilloso es coincidir en el lugar con personas.

Esos momentos a menudo son los que te dejan resaca de felicidad,

Ese día siguiente, con esa sensación en el cuerpo tan maravillosa, pero a la vez tan amarga, que te recuerda que lo que viviste ayer, ya no volverá jamás a ser tangiblemente.

Aceptación celebrada

Parece que estos días todo cobra una intensidad desconocida

cada paso se hace desde una vulnerabilidad más transparente que nunca.

en ocasiones, aparece un peso en el pecho que dificulta los pasos

el corazón se descompensa y no recuerda cómo se bailaban

las músicas que tanto se tocaban han cambiado, y se echan de menos.

Por suerte, los días en los que el río que marca mis lágrimas va más lleno,

tengo el cariño de los que me quieren, y me ayudan a regar la flor marchita.

No es que sean días malos.

Al contrario.

Pero son días diferentes.

Y estos días, qué, como todos, son maestros, me enseñan que, igual,

tendría que hacer más de lo que me gusta, sentir más, ser más frágil.

Y vibrar más alto.

De modo que, cuando los ojos vayan llenos de lluvia, sea también una fiesta.

Cuando me tropiece, sea una meta

y que cada día, cuando me levante, lo celebre.

Habitación

Y de pronto, él me animó a llenarme cielo de estrellas,

el mismo cielo que nos vería tantas veces jugar entre sábanas,

soñar, querernos, bailar entre vaivenes de dudas,

que poco a poco nos irían acercando cada vez más a esos te quiero tan tiernos y sinceros.

Y de pronto, me veo sonriendo al ver girasoles,

perdiéndome entre tantas cosas nuevas,

Descubriendo universos que ni me imaginaba,

retomando costumbres y sorprendiéndome de casualidades, o causalidades,

compartidas cuando aún ni nos conocíamos.

Y de pronto, cada vez más lento y menos repentino,

entré en un cambio hecho a pasitos, en nuestras huellas dibujadas, que nos animan a seguir saltando en ellas, riendo, y siempre jugando,

haciendo lo que mejor se nos da,

vivir y amar.

Ciclo

Entre cuatro paredes el pecho se encoge.

De pronto tu casa es más pequeña y los pulmones aprietan,

gritando,

para que alguien les deje más espacio.

Los ritmos se aceleran, pero la mente se nubla,

y se hacen imposibles de seguir.

El aire es denso,

y cae, pesado, en un cuerpo que está luchando.

pero no pasa nada, nunca pasa

porque es parte del proceso.

Como una semilla que debe hacerse un sitio

entre la tierra, grávida.

Como esa semilla que tiene que morir para nacer,

crecerá un árbol dado para respirar y crear oxígeno.

Esta vez más ligero

más fácil

más dulce

Declaración de amor en toda regla

Esto es una declaración de amor en toda regla, sin indirectas, metáforas, atajos, ni señales.

Esto es mi corazón diciéndote que te quiero,

que te amo, que quiero ser tuya y que me da igual la incorrección de los adjetivos posesivos del amor romántico contigo,

porque sé que estoy a salvo,

que tu amor es puro, tanto como el mío,

y que nunca dos almas se han encontrado tan bien.

Porque esto es una declaración de amor a propósito,

con todos los sentidos puestos en eso,

los mismos que me recuerdan que tu olor es casa, tu piel lujuria, tus ojos paz,

tu sabor mi gusto preferido y tu risa paraíso.

Sin miedo, me da igual cuánto tiempo haya pasado, cuánto pasará y dónde acabaremos, porque sea como sea,

el viaje está valiendo mucho la pena,

y ojalá ir y volver del mundo contigo.

Declaración de amor (propio) en toda regla

La belleza se rige con la máxima de ser una misma.

No necesitas ser aceptada por los demás,

solo necesitas tu propia aceptación.

Lo que los otros piensen de mí

no es trabajo mío,

no está en mis manos.

Por lo tanto,

no tengo nada que hacer.

Vivir en los ojos de las opiniones que tienen los demás sobre ti,

puede devenir cadenas.

nudos que limitan pasos, pensamientos y libertad.

No gustarás a todo El Mundo,

del mismo modo que no todo El Mundo te gustará a ti.

Y eso no importa.

Dejar de pensar en gustar a los demás, da alas.

Gustarse y aceptarse a 1 mismo, te da El Mundo entero.

Y quien te quiera, verá todo en ti del mismo modo que lo ves tú,

y eso te hará crecer,

será llama que encenderá un motor imparable.

Zoom

Sus risas colorean mi corazón.

Sus abrazos me recuerdan el calor que ni mil mantas podrán semejar.

Sus juegos, sus bromas, las pequeñas, o más intensas charlas.

Echar de menos, que una pantalla haga tanto,

pero a la vez tan poco.

No quisiera nunca estar a kilómetros de vosotros,

aunque algunos lo estéis.

No me quiero acostumbrar a no veros.

Mi sangre bombea cuando mi corazón se encoge por faltarme.

Y qué bonito es querer

y qué bonito es llorar por quienes quieres tocar.

y qué bello poder compartir y esperar a que estos días pasen para poder volver a ver.

Pausa

A lo mejor, teníamos los pasos demasiado planeados, la agenda demasiado llena, y los ojos, demasiado ciegos.

A lo mejor es que vivimos en una caja y nos inquietamos cuando alguien nos obligaba a salir de nuestras cuatro paredes conocidas.

Como el río, que tiene el caudal hecho, con el objetivo de llegar al mar, pero no piensa nunca en qué es lo que se encontrará.

Porque no lo sabe.

Y se limita a vivir.

Se regala el presente, sorprendiéndose de cada roca con la que se encuentra, porque nunca es la misma.

Con cada pez que se encuentra, porque siente que tiene mucho que aprender de su vida.

Sabe dónde quiere ir, pero no se plantea, ni planea, cómo llegará.

A lo mejor es que teníamos que aprender que la vida no es prisa, no es rutina, no es lucha, no es rechazo, ni ardor.

A lo mejor es que deberíamos dejar los relojes a un lado, dejar de mirar tanto sus agujas, y empezar a observar, descubrir, respirar, dejarnos sorprender.

Descubrir la belleza y la tristeza de echar de menos aquellos que queremos y no están cerca.

Valorar la suerte que tenemos de ser donde estamos y con quien estamos.

Querer y quererNos como hace el río con su entorno.

Con su fluir.

Falsa nota de la autora

Empecé a escribir cuando me rompieron el corazón.

Mentira.

Siempre he escrito.

Fui consciente de ello cuando necesité trazar en tinta palabras porque mi corazón lloraba y no había otra forma de calmarlo.

Pero siempre he escrito.

A veces más seguido, otras lo he dejado, echándolo de menos,

pero siempre está ahí.

Mi cabeza narra palabras,

a menudo en forma de metáfora,

para ordenar cuánto siente (que es mucho).

Más de 8 libretas con escritos, ninguna terminada, explica mi historia desde mi punto de vista.

Desde mi corazón.

No todo lo que escribo lo hago en castellano.

A la par catalán y castellano, a veces hasta en inglés.

Los sentimientos se expresan como pueden y explican las historias como quieren.

Es para mi un salvavidas escribir, crear, vivir con el arte. Trazando figuras o palabras, da igual, pero expresándome.

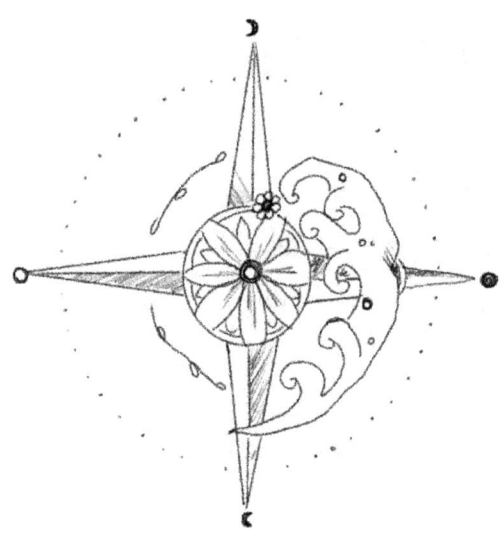

Rigidez

Los cambios siempre me han hecho llorar.

Es algo así como que una parte de mi alma se escurre con cada lágrima que dejó caer por lo que queda atrás,

dejando un vacío para que se escriban nuevas historias.

Estoy empezando.

O terminando.

Depende de cómo me mires.

Aunque yo me decanto por simplemente estar.

Por eso me parece ser pausa en este mundo frenético.

Bitxo amb nom de número 19

Estos días ha estado creciendo en mí una flor gris. Esta se regaba de mensajes taladradores que caían en sus pétalos como si de ácido se tratara. Por qué, si se supone que me está regando, se preguntaba. Algo no encajaba. La verdad es que resonaba como una mentira.

Nueva realidad para mí es como un oxímoron. Un oxímoron es una figura retórica en la que dos palabras o expresiones de significado opuesto dan lugar a un sentido nuevo. Porque normal es que sigue la norma, pero también es una cualidad o condición normal. Y algo normal no puede ser nuevo, porque para que se dé la condición de normal tiene que haber pasado un periodo de habituación y sensibilización. Pero ahora nos están diciendo que nueva normalidad es como tenemos que vivir. Que debemos volver a la rutina que dejamos pausada dos meses y medio atrás, como si de eso se tratara, de una pausa. Y cuando la realidad es que es imposible poner a alguien en pausa, porque, aunque su actividad se limite a estar encerrado en casa, siempre hay aprendizajes de cambios en esa persona.

Entonces, cuáles son las consecuencias de tratar como normal algo que no lo es.

Depende. Hay algunas personas que tienen mucha tolerancia a los cambios, y realizar una tarea después de un tiempo y con algunos cambios, no resulta algo muy demandante mentalmente. Hay el proceso normal de sensibilización aquello nuevo, pero sin experimentar consecuencias demasiado notorias en su salud mental.

Hay otras personas, en cambio, que necesitan que el periodo de habituación se haga con mucho más cuidado, ya que su salud mental se ve más afectada.

Fatiga mental, desmotivación, ganas de llorar, ansiedad, miedo... son algunos de los síntomas que se pueden experimentar. ¿Y eso es malo? Para nada. El problema reside cuando se produce un bloqueo de estas emociones porque se genera un tabú en torno a ello. Cuando no se habla de las consecuencias que puede tener volver a tu sitio de trabajo con unas nuevas medidas y después y durante un tiempo de mucha incertidumbre, cuando se repite sin parar en la radio y en la televisión el término nueva normalidad en vez de nueva realidad, dando a suponer que como simplemente se está retomando la rutina pausada, no hay necesidad de tomar un tiempo de sensibilización.

Cuando alguien se rompe una pierna y tiene que parar de caminar, cuando la fractura ya permite fisiológicamente volver a andar, no se espera que esa persona lo vuelva a hacer como lo hacía antes. Se da por sentado que habrá un proceso de rehabilitación para que esa pierna vuelva a su funcionalidad procurando no forzarla. Igual, pero diferente, pasa con la salud mental. Esperar que alguien vuelva a la rutina simplemente porque es lo que hacía antes sin tener en cuenta las posibles consecuencias psicológicas, puede ser peligroso. Cada persona es un mundo. Es por eso por lo que es importante no negar ciertas realidades, cuidarnos y cuidar de los nuestros. Si alguien está pasando por un proceso de sensibilización y siente las consecuencias de este, es importante no negar todo esto que está sintiendo. Es natural, abrázalo, siéntelo. Poco a poco irá a menos.

Girona

I brota d'aquesta fredor
La nostàlgia d'un viatge que encara no ha començat.

Les parets es fan petites, els teixits es fan ferides
I els carrers, laberints d'ancoratges,
Inesquivables, que obliguen a recordar.

Gota a gota
Cada moment es fa una batalla.

A vegades finals feliços, sovint amb missatges per aprendre,

Suposo,

Per conèixer.

Sembla mentida que en tan poc temps s'hagi creat fortalesa.

Sembla un miratge pensar que tantes flors han fet arrel en cossos tan plens de vida.

Ara en queden històries, sentiments, dubtes.

Ara en queden llàgrimes que regaran nous principis.

Tinc por,

El dia a dia narra la meva historia i jo

No soc qui té les pautes ni el bolígraf.

Només vull entendre què passa.

Per què busco uns ulls que evito.

Perquè penso en brut i em flagel·lo quan les paraules cobren vida.

I deixen empremta.

Sembla que no sàpiga estar.

Quin modals,

No acomodar-se ha estat sempre el seu major defecte.

I mira que ho fa sovint.

Serà per això que fastigueja les músiques que li porta el món.

Però segueix en el laberint.

En carrers que coneix massa bé i en pautes que no ha escrit.

I segueix esperant el final,

Incapaç de viure l'hora que li marca el rellotge que no vesteix el seu canell.

I segueix, i segueix, i segueix.

Potser algun dia deixarà de seguir i es plantarà a la punta de tot.

Allà on la flor més bonica ha decidit fer vida.

I deixarà de seguir per traçar un camí que potser, només potser, la farà feliç.

Sàtira

Me acuerdo de ti, pero a ratos.

No eres ni siquiera una idea recurrente...

Es más, como un flashback de esos,

A veces molestos, a veces graciosos.

Nunca oportunos.

Algo así como aquella canción pegadiza

Que una vez escuchaste tanto

Que ahora cantarla

Te da pereza.

Como una estrella fugaz,

Pero sin lo de estrella.

(y por eso te escribo en comic Sans).

Transformación

Canalizo en mi la gratitud, de quién ha hecho que mi corazón cultivará cicatrices y que mi alma llorase.

Gracias a ello he aprendido que la culpa y el enfado solo puede durar una etapa.

Que con ellos no se anda bien y que son piedras de mal llevar.

Guardar ira hacia personas que puedo creer culpables de mi dolor, solo me crea más dolor.

Todo aquel que se cruza en mi camino es maestro, y solo duele aquello que no se ha aprendido.

He dejado que me quieran mal,

que me comparasen,

que no respetaran mi esencia, que menospreciaran,

en una época de mi vida en la que atraía a ese tipo de comportamientos porque yo misma no sabía dónde estaban los límites.

¿me convierte eso en una única culpable?

No. Pero tampoco son los otros los únicos responsables.

La gratitud da pasos ligeros, y el perdón hace volar.

Perdón a mí misma y a los demás. Todos nos equivocamos, y de eso se trata el sendero.

La comprensión, la consciencia, la empatía y la aceptación son ingredientes claves para trazar este camino.

Pero llegar hasta ellos no es un proceso fácil, y es, a menudo, muy largo.

La recompensa final es paz, bálsamo para todas las heridas, y no es indiferencia, es gratitud.

Gratitud por haber sido alumna del dolor, que, junto al amor, me ha forjado y me ha convertido en quien soy hoy.

Gratitud a mí misma que ha canalizado el aprendizaje y lo he hecho brillar en mí.

Soy quien soy gracias a mí misma, soy yo misma por cada una de las personas y aprendizajes que se han cruzado o están en mi camino.

Centímetros

He crecido escuchando que tenía que ser algo que no era.

Hasta que empecé a crecer pensando que tenía que ser algo que no era.

Más delgada, más alta, más rubia, menos callada, más activa: menos yo.

Más lo que sea, menos lo que sea: menos yo.

Mi niña interior se ha quitado ilusiones y se ha puesto complejos.

Crecía en un cuerpo de mujer que terminó pensando que se tenía que quitar más pelos, poner más inseguridades, quitar kilos, poner centímetros, aceptar comparaciones, compararse.

La niña aceptaba relaciones dañinas que confirmaban las cicatrices que se hizo mientras crecía. La mujer quería abrazar las cicatrices en su piel y jugar, correr, crecer… pero no sabía cómo.

Poco a poco, las cicatrices internas empiezan a brotar, salen flores de los lugares más oscuros. La enfermedad se convierte en una forma de alarma; y la escucha en una forma de Medicina.

Vivir para aprender. (De)construirse para comprender. Un sendero lleno de aceptación, empoderamiento, amor, comprensión. De andar descalza, vulnerable. Proyectando el poder de sanación.

De crecer en una sociedad donde el amor propio es un peligro. Desafiando las reglas impuestas para seguir un camino de hermandad y curación. Hacia la naturaleza, la esencia. Con aquella niña que aún no concebía que ser ella misma, no estaba bien.

Luna

Luna, vida mía,

a ti qué tantos te han escrito sin leerte antes,

a ti que todos te han querido sin entenderte,

sin escucharte...

tú que eres libre, que tienes la fuerza de mover mares.

Luna, vida de todos, naturaleza de unos cuántos.

Tú, que das luz para bañar la tez desnuda.

Bonita por sé, bonita por ser,

das la fuerza de los ciclos,

sangras para dar vida,

nacen de ti las flores de los mundos.

Tú que has visto tantas injusticias,

qué has llorado por y con tus hermanas,

que escribes en tu cara oculta todas las veces que nos han dañado, nos han callado el alma y cortado las alas.

Gracias por la energía sanadora,

por su luz y fuerza, faro de caminos.

Por dejarme caminar descalza en este sendero,

sin comparaciones, luchas o frustración.

Por decirme que en ti solo puede fluir el amor en todas sus formas.

Y con todas sus formas.

Dulce

Entre tanto alboroto encuentro un momento para respirar.

Me gustaría que estuvieras aquí,

y que nos olvidemos del reloj

hablando de las 1000 y una noches,

de todo lo que nos escapa, pero que sentimos tanto.

Entre tantas historias, encuentro un momento para escribir la nuestra.

No sé dónde terminaremos, con qué sueños cumplidos,

ni con quien más compartiremos camino.

Solo digo que ojalá estuvieras aquí,

por mucho tiempo,

y que sigamos sin llevar reloj

pasando las horas como nadie.

2021-2022

Prácticas

Pongo en estas letras por testigo
que no sé lo que me pasa contigo
pero te pienso de más
y más que eso, qué sé yo,
si dentro de un tiempo te quiero buscar
y ya no estás.
Y más que eso, qué soy yo.
Si solo es un pensamiento viajero
o has venido para aquí tu semilla a dejar
regarla y hacer crecer de ella una bonita amistad
o qué sé yo…
quizá algo más.

Fue un segundo, nada más.
Una mirada congeló el tiempo y me perdí.
No sé qué entendí, pero algo en mi interior hizo un clic.
Y con mi afán de controlar lo incontrolable,

me preocupé.
No eres él, pero no importa para sentir tanto.
Es diferente y no tengo idea de lo que es.
Alguien que me ha cautivado, y ahora que estoy abierta, me intentó dejar llevar.
Es difícil describir que ha sido en ese momento para mí esa mirada.
No es amor, o complicidad, quizá reconocimiento.
Quizá tu alma está más perdida de lo que parece.
Quizá ahora te veo.
Quizá tu alma, como la mía, nos quería encontrar.
No sé lo que ha sido, pero la llevo conmigo.
No sé lo que ha sido, pero ojalá se quede más tiempo.

Dudas

Suena una canción de fondo de letras cantadas que piden que se quede. La habitación está llena de ropa tirada por el suelo.

Recuerdos en forma de prendas que nunca más viviré.

Es entonces cuando me pregunto si tú me piensas igual que yo a ti.

Si tú también tienes ganas de hablarlo todo conmigo, de pasar noches andando, compartiendo vida.

Y es entonces cuando me pregunto si tú me ves igual que yo a ti.

Si tú también ves en mí unos ojos llenos de vida, si a ti también se te para el corazón segundos cuando te pierdes en ellos.

La canción sigue sonando y suplica que te quedes.

Que te quedes.

Que te quedes.

Respuestas

Últimamente mi cabeza vuelve a escribir.

Hacía tiempo que no quería.

Decía que demasiadas cosas se habían puesto en su lugar, que no hacía falta hacerlo.

Pero últimamente mi cabeza vuelve a escribir.

Y mi corazón siente.

Y la vida me envía mensajes, ahora es tu momento, ahora estás creciendo, ahora tu alma está en el lugar donde tiene que estar...

y no es fácil. No es nada fácil.

Pero ahí estás tú.

Con un pie en un túnel sin final.

Y con el otro despidiéndote de lo que te ha hecho tan feliz durante tanto tiempo.

Nunca te hubieras imaginado que vivirías tu eso.

Pero te estás dando cuenta que la vida es mucho más, y que has venido a vivir al máximo.

Decisión. Final. Aceptación

No hay rencor, ni un poquito

no quiero coger el tren solo de ida fuera de tu vida.

Veo tus cosas y me salta el corazón,

pero no por un amor que ha sido dolor,

sino por haber vivido algo tan grande.

Un amor tan puro, bonito, mágico.

Aún sigo queriendo tus ojos miel.

Aún sigo buscando tus abrazos refugio.

No te quiero fuera, pero te quiero diferente.

No te quiero lejos, te pido en presencia.

Necesito transformar esta energía que me ha dado tanta vida.

Esta energía que a veces parece que mi corazón no puede sostener,

en algo bonito, nuevo, hacerlo renacer.

Me cuece el corazón de tanta contrariedad.

No quiero deshacerme de nada tuyo en mi casa.

El simbólico cepillo de dientes me parte el alma,

pero quitarlo significa tanto, que simplemente no puedo.

Y no quiero.

Porque aún no sé qué significa todo esto.

Te quiero, pero no es suficiente.

Te quiero bien, y para siempre.

Pero ahora duele más que tú seas mi presente.

No hay dolor de rencor, ni tan siquiera desesperanza o enfado.

Ahí la parte de las decisiones valientes que nos pueden dar más luz.

Te quiero tanto que me da pena no haberte querido bien.

Pero te quiero querer tanto que me dejó soltar, para crecer.

Hay algo en las decisiones del corazón de gravedad, valentía y miedo.

Hay algo que remueve los latidos de la razón.

Que no entiende de palabras, solo de sentimientos.

Maldigo el huracán que me hizo ver,

a la vez que lo bendigo por hacerme crecer.

Qué complicada la raza humana,

qué difícil de comprender.
Sobre todo, cuando es la vida la que habla, el corazón, el mover sin saber.

El huracán

Te aviso,

ahora que puedo y sé cómo hacerlo.

Te escribiré cuando te sienta.

Y te voy a querer antes de tiempo.

Voy a entregar mi corazón a los miedos.

Experimentaré la adrenalina del que camina y no sabe dónde acabará.

Y te aviso,

serás poema cuando menos te lo esperes,

y te viviré con intensidad.

Quizás me pase de frenada,

o me quedé quieta, paralizada.

El caso es que te escribiré.

Quizá lo que ponga te asuste, quizá me de vergüenza.

Pero tras los años sé que este es mi lenguaje.

El de querer demasiado pronto.

El de no saber hacer,

el de vivir más allá de las normas protocolarias del sentir, y de escribirte, cuando no sepa cómo decirte todo esto.

Y en la pizarra de mi cocina escribo:

hagamos un trato,

de esos que no se firman ni con papel, ni boli, ni testigos.

Solo tú, yo, y nuestros secretos.

Con sus acompañantes, los miedos.

Y si me apuras, también nuestros anhelos.

Quizá también vengan las dudas,

traviesas jugadoras de juegos del perder.

Sea como sea, y quien quiera que venga,

hagamos un trato.

Yo prometo tocar cicatrices con caricias.

Tú, no taparlas con tus manos.

Mujer cíclica

Los cambios pesan, y el miedo paraliza.

Cuando la voz del temor te dice que pares, que vivas bajo la crítica y te rindes a ella….

Que hagas lo que los otros quieren, aunque nunca sea suficiente.

Complace, frénate, no te muestres.

Cuando esta voz grita, la mujer ancestral que vive en mí se queja.

Ella sabe que los únicos ojos bajo los que tiene que andar son los propios.

Que su camino es fuerte, que tiene derecho a ser querida y aceptada tal y como es.

Con su necesidad de pasar tiempo con ella, con su sensibilidad, sus sueños y torpezas.

Teniendo miedo a los cambios, al desapego, ignorando las pérdidas.

Encontrando espacios nuevos y aceptando sus nuevas etapas y las de los demás.

Entendiendo que, por muy sola que se sienta a veces, se tiene a sí misma.

Y que eso es motivo suficiente y principal para no pararse, para seguir caminando,

pese a sentir vértigo.

Crecer

Remiro los escritos e intento reconocer

aquella niña que una vez escribía con ahogo,

la vista de alguien que creía que para respirar

necesitaba el oxígeno del otro.

Que con el suyo no bastaba.

Pobre mis pulmones ahora que lo pienso

Tan llenos de vida siempre. Tan poderosos.

Y tan capaces de mover montañas ellos solos.

Poesía en poca calidad,

de un sueño de llegar a un sitio

donde solo el dolor lo hacía.

De poner en tinta y ordenar pensamientos

porque la mente estaba distraída con palabras de otro.

Porque con su inteligencia no bastaba.

Y se lo creía.

Pobre mi luz, tan llena de energía, capaz de iluminar los caminos y llenarlos de risas…

escribo ahora, caminando y reconociéndome,

una niña que juega cuando escribe.

Que mira y sabe que con ella se basta.

Que conoce el amor como la mayor fuente de vida

la que hace crecer, la que florece,

la que hace seguir y no ahoga.

Mi niña

Una niña acarreaba una maleta de no ser suficiente.

Pese a que esa maleta pesaba mucho, nunca dejaba que ese peso lo llevara a nadie más, y se prometía que debía poder con todo, añadiendo así, más peso a esa maleta.

Pero un día se dio cuenta de algo: y es que no siempre había llevado esa maleta. En un momento de su vida, ese equipaje le ayudó a sobrevivir, pero esa ya no era su función. Ahora había cambiado, y pesaba demasiado.

Así que poco a poco, con esa consciencia, se fue deshaciendo de todo aquello que pesaba tanto.

Aún no llevar ya la maleta, a veces sus hombros recuerdan el peso del equipaje. Y sus pies andan más lentos.

Pero hay muchas otras veces en las que la niña vuela, salta, corre...

Y da la vida como alguien que un día descubrió que no debía nada a nadie, y que su misión aquí no era la de complacer a otros. Sino la de vivir desde la pureza de ser uno mismo. Sin expectativas ni auto exigencias.

Autorretrato

Hay una flor dentro de mí que se abre y se cierra para protegerme.

Cuando está cerrada duele mucho, quiere decir que algo o alguien crea dolor.

Ese alguien puedo ser yo, por no poner límites, por quererme poco.

También pueden ser las injusticias, la discriminación, la ausencia de amor.

En ese momento se hace difícil ver las cosas con serenidad, construir, crear...

De hecho, son muchas las veces que, aun estando así, me obligó a hacer. Porque siento que, muchas veces, no caben no producir en este espacio en el que vivimos.

Poco a poco, pero, voy conectando con mi flor abierta. La aventurera, la erótica, la que se quiere se respeta. La que pone límites y se presencia. Desde esa energía la frustración se convierte en lucha. La tristeza en agua para regarse, la discriminación en motor para ganar consciencia.

Desde esas dos flores vivo, creo y destruyo. Soy vida y soy muerte. Soy lo femenino, lo masculino, El ying y el yang. Puede ser la diosa que habita en mí.

Escuchar la música de la vida

Arranco entrañas para sangrar,

y que de la sangre salgan las más bellas flores

supongo que por eso vivo las cosas con tanta intensidad,

porque me encuentro a mí misma tirándome por precipicios internos constantemente.

Y sé que no puedo dar un paso adelante hasta que no estoy segura

que de las cenizas han nacido un Fénix.

Canalizo dolor con arte, y por eso escribo, dibujo, bailo.

Solo cuando se escucha la música de la vida,

es cuando uno se puede conocer y danzar.

Solo cuando se vive el dolor con todas sus lágrimas,

se puede plantar una semilla perenne.

365

Hay personas cuya presencia es rayo de sol entre nubes, que saben siempre que decir, y más importante aún, cómo decirlo.

En este camino de 365 días hay algunas almas que se han ido, otras que se han quedado, y algunas de nuevas que, cual soplo de aire fresco, te recuerdan que sea cuando sea, siempre puede ser vista, amada, recibida, cuidada.

Y que siempre puedes entregar, ver, amar, cuidar, y hacer un hueco en tu corazón.

De hecho, estoy eternamente agradecida por este corazón mío, que a medida que pasan los años, se va llenando de habitaciones, cada una con nombre y peculiaridad distinta.

Y eternamente agradecida también por esas personas que son luz, valientes, que se entregan y que no tienen miedo a mostrar su corazón.

Y así, con los pies tocando hierba fresca, una mano en el corazón y con la otra en mi vieja amiga la tinta, escribo en una bonita libreta de Magos y magia que me regaló un mago al que tengo mucho que agradecer también este año.

Dolerse

Irse de algún sitio,
sobre todo, si este no es físico,
puede doler.

Tu corazón llora momentos,
Sonrisas, recuerdos…
por qué no sabes si lo podrá volver a compartir.

Y ante todo se alza la bandera del miedo,
de dejar atrás
y de acabar en un vacío de echar de menos,
aunque sea eso lo que toca en tu camino vital.

Dejar ir duele,
pero dejar ese espacio,
atemoriza.

Se lloran lágrimas por la posible memoria que decide olvidar,

y por los saludos impersonales que puede que crezcan en un futuro.

Por la existencia de un pasado que ya no es presente

y que ni mucho menos será futuro.

Impaciencia

Sé que estoy corriendo más de la cuenta cuando mi mente llega antes que mis piernas.

Mentira

Me encontré con un lobo y me dejé comer
y en su boca encontré más que placer
encontré vida, aprendizajes, deseos de crecer.

Y en este camino, calma, caos,
y un billete con pase directo a lo más profundo de mi ser.

Me encontré con un lobo y me dejé sentir
el miedo, las dudas y la resistencia a fluir.

Y en todo eso, Caperucita quería salir.

Bailar, conocer al lobo, y dejarse divertir.

Me encontré con un lobo y caminé a su lado.

Y me di cuenta de que, en parte, era solo un niño.

Asustado.

Y a ese lobo lo miré directamente a los ojos

eran preciosos,

y en esos ojos ya no encontré el animal.

No porque no lo buscara o porque su naturaleza no me gustara.

Sino porque ya no estaba, había cambiado.

Ahora era flor que brotaba,

Limpia, frágil, fuerte, sin capas.

Hasta pronto

Nos fuimos, y nos encontramos.
Esas noches, por fin, mirábamos a la misma luna.

Los campos florecieron,

y las gotas de lluvia sonaban al ritmo de los tambores de nuestro corazón.

Pasaban muchas cosas en nuestro alrededor,

pero no importaban tanto como las carcajadas del alma.

Ya nos ocuparíamos en otro instante...

suficiente trabajo teníamos con infinitos.

Cuando soy

Me sorprendí a mí misma escribiendo, siendo Rosa brillante.

Cuando antes lo hacía, sobre todo, cuando era un gris oscuro, desgarrador.

Pero sintiendo más adentro,

fuera de los músculos que conectan mi mano con mi corazón,

y los hacen bailar,

me he dado cuenta de que siempre escribo cuando soy.

No cuando estoy bien,

no cuando estoy mal,

porque creo que es imposible reducirlo a todo eso.

Estar triste está bien, igual que estar contenta.

Son simplemente diferentes tonalidades de colores.

En este caso no se puede reducir a esta dicotomía, porque la paleta es tan grande,

que nos estaremos dejando partes de la historia por el camino.

Descanso

Hay noches de estrellas,
de quedarse hablando junto a la luna hasta que ni ella sabe qué hora es.

Hay ideas de arreglar El Mundo,
de conversaciones que nunca te hubieras imaginado y de palabras tatuadas en la mente que al día siguiente se transforman en sonrisa.

Y hay días de silencio.

De mirar el agua pasar, observando la vida respirar

y de ojos risueños, pensantes, cuyo enigma no es momento de descifrar.

Hay días de sentir, de pocas palabras, de respetar un ritmo lento, días de descanso, de no querer saber nada para conectar con lo más importante.

Y entre esos malabares me encuentro aprendiendo a navegar con todo.

Entendiendo que todo está bien.

Huracán I

Estoy pasando un duelo no autorizado.

Un billete falso una historia de amor que quise tener, pero no pude.

No me dejé, no me atreví, ni supe cómo hacerlo.

Responsabilicé a la vida por ello.

Lo cierto es que me encantaba cómo me miraban tus ojos.

Lo cierto es que me gustaba cómo te miraban los míos.

Y sí, quizás fue la vida, quizás fui yo, quizás fuimos los dos, hacíamos buen equipo.

Lo cierto es que pasó un duelo en silencio, en mi cabeza, en mis quizás.

Lo malo de ello, es que nunca sabré.

Lo bueno, es que siempre supe.

Y está bien así.

Culparé a otras personas de la vida por mis lágrimas.

Callaré en alto tu nombre.

Redención

Perdóname si alguna vez he contaminado ese amor tan bonito que teníamos.

Perdona si no lo he sabido hacer mejor

si no supe poner los tiempos correctos

y las notas que toqué estaban desafinadas

nunca fue esa mi intención

a veces la vida te pide prisa

y piensas que lo que necesitas es otra cosa

y sí, muchas veces así es

aunque no sabes nunca lo que realmente te tiene preparado

esta es la gracia, también, supongo

el caso es que sí, lo siento, en lo más profundo de mi corazón

y supongo también, que de eso se trata.

Gràcies.

Inevitablemente la palabra amor me recuerda a ti.

Inevitablemente el color amarillo, los girasoles, la luz, la magia, las fresas... me recuerdan a ti.

Hemos construido un amor precioso con significado de vida,

Inevitablemente, los poemas de amor que tanto me gustan, me hacen pensar en ti.

Por qué, inevitablemente, eso que ha surgido entre nosotros, es algo que ya estaba escrito en nuestra piel.

E inevitablemente, tal y como dicta la palabra, tú y yo teníamos que pasar.

Y es por eso por lo que, inevitablemente, aquí estamos.

Queriéndonos, sonriéndonos, sanándonos,

cogiéndonos de la mano.

Mirándonos a través de dos almas que, inevitablemente,

se tenían que encontrar.

Cambio y caminos

En las últimas semanas, la vida ha tomado direcciones que ni planteaba que fueran posibles.

De repente me encuentro en caminos que me muestran que otras maneras de andar son posibles, sintiendo que, efectivamente, son esos los pasos que mis pies tienen que tomar.

Mucha magia ocurre cuando caminas diferente, miras diferente. Y en todo ello hallo regalos.

Estos presentes de diferente envoltorio cada uno de ellos, tienen un sentido único y necesario que llenan de significado cada tramo andado.

Regalos en forma de llanto, abrazo, culpa, miedo, carcajada, mirada, rendición.

Pero hay uno en especial por el que estoy especialmente agradecida.

En estos pasos me estoy conociendo como mujer, y con ello, me estoy enamorando de cuántas mujeres maravillosas hay en mi vida. Estoy conociéndolas y viviéndolas de forma intensa y real, sintiendo clan, tribu, cuidándonos y viviéndonos. El paradigma de lo femenino está cogiendo una fuerza y un valor inexplicable.

Un día decidí danzarme. Ese día conocí a mujeres brujas, y me dejé guiar. Y fue maravilloso. Salí de mi cubículo y crecí. Conecté con la luna y la amé. Y me amé.

Llegué hacia allí gracias a muchos factores, y agradezco también cada 1 de ellos.

El danzar da vida. Conecta, crea, vacía.

Me gusta ser con vosotras.

Admiro y aprendo de cada paso que dais.

Alma

Hasta ahora me quedaba con las migajas,

e intentaba hacer oro con ellas.

Basta que alguien te diga que no hace falta,

y que otro día que no eres prioridad en la casa,

para tatuarte en el alma, una vez más, que no son los ojos, es la mirada.

Y que hay muchas miradas vacías, que hablan, hablan, y no dicen nada.

Entonces no dejes que sean esas miradas las que llenen tus días.

Rodéate de ojos que hablan de verdad,

de miradas claras y risueñas,

expertas en observar.

No mereces el frío del que no sabe ver,

el vacío de unos ojos que no te quieren bien.

Culpa mía por tropezarme siempre con la misma piedra.

Pero visto lo visto, y hablando de miradas,

basta una determinante,

para abrazar la piedra, entenderla, y quitarla de tu casa.

Canción de amor propio

Que se vaya, que se vaya,
la gente que no tiene que estar.
Que dejen espacio para las almas que fluyen,
las que vibran con tu mismo caminar.
Levanta los pies y que se barra,
Suelta, corre, y que no te impida amar.
A los que están, a los que se quedan
a los que no te quieren mal.
Cae libre, acepta el camino, danza con el viento,
que viene y va,
logra el amor perdido, el dado, y el no recibido
y todas las veces que no has querido
a tu corazón escuchar.
Que se vayan, que se vayan,
que solo así van a poder entrar
el amor propio, las personas que son casa,
o aquellas que te van a querer de verdad.

Más secretos

Hay tanto escrito
que nunca sabremos a quién van dirigidos
todos estos versos.

El caso es que, si te he amado,
aquí estarás, para siempre
inevitablemente, siento, escribo, y aquí te guardo.

Supongo que para eso dicen

que si alguna vez te cruzas con alguien que escribe

serás eterno.

Me gusta, pero, que este sea mi secreto compartido.

Proclamar palabras en las que solo yo sé su sentido.

Y una parte de mí espero que, compartiéndolas, puedan llegar a esas almas que una vez fueron musas.

Y también aquellas que leen y les vibra

vivencias lejanas, pero quizá, compartidas

porque compartiendo, soy,

y escribiendo, vivo.

2023-2024:

Pasado este tiempo fueron muchas las cosas que se acumularon. Volví a necesitar ayuda porque fueron muchos los duelos que se unieron, se solaparon y me inundaron. Pero pasado este tiempo me di cuenta de que mi conciencia era diferente. Ya no tenía tanto miedo y sabía cómo pedir ayuda. También sabía priorizarme, y me di cuenta de que los duelos, inevitables, ya no me arrasaban. Que me permitían vivirlos al mismo tiempo que yo vivía. Las emociones nacidas de ellos ya no me quebraban. Tuve la oportunidad, con calma, despacio, de conocerme en ese proceso, de establecer bases en mí, y de permitirme conocer a personas que hoy en día me llenan el corazón a diario. Pude crecer, también me pude equivocar, y pude aprender de todo ello. Ahora sé que hay heridas que ya están sanadas. Veo en ellas cuáles fueron las cicatrices que en su día me hicieron actuar, y las acaricio con ternura, porque sí, es verdad que a veces aún me piden atención, pero conozco de su idioma y nos entendemos rápido. Me volví a enamorar de la vida, y cree una familia. Y ahora sí lo siento bien. Lo siento en paz. Todo está bien.

Tu

Hay veces que se me hacen tan molestos los cuerpos.

Esos mismos que a la vez, son fuentes de tanto placer.

Te miro y tengo miedo de volverme a equivocar.

Te miro y me da miedo todo lo que esto puede llegar a significar.

Me encuentro batallando constantemente con la impotencia.

Porque ella más que nadie sabe cómo mostrarme mis puntos débiles.

Y eso me aterra y me dice que me tengo que defender.

Que ahora no es el momento, no sabiendo, ni siquiera, si lo será en algún tiempo.

El caso es que, a veces, se me hace molestos los cuerpos.

Porque quiero más de ti y eso es límites corporales sienten abismales.

Solo quiero que sepas que lo siento y que quiero hacerlo lo mejor posible.

Aunque me cueste, porque ni tan siquiera sé cuál es el mejor camino.

Más vosotros

Resaca emocional de esas de querer estar y no poder.

De querer besar y no corresponder.

Mis pulmones se llenan de ese aire puro, húmedo, diferente.

Mis ojos brillan en tonos de verde,

y mi alma grita callada, aquí es.

Poder vivir esto es siempre de los mayores placeres habidos y por haber.

Y no sé cuándo, pero aseguró que en algún momento estas tierras me verán crecer.

Una luna de miel y otra de cerveza,

de miradas risueñas y de complicidades a ojos cerrados.

Gracias por compartirte siempre tanto y por darme la oportunidad de estar.

Gracias por acompañarnos y darnos la mano siempre, y por enseñarme a vivir también la amistad.

Más tu.

Fuera de soñar cliché
tus gemidos son música para mis oídos
la forma en la que te mueves para hacerme a mi bailar
va más allá de cualquier sueño
todo es ser tan real.
A veces me gustaría tanto saber qué piensas.
Que se te pasa por la cabeza con todo esto.
Ahora tengo miedo a preguntar, aunque me guste tanto tener respuestas.
Pero es que contigo quiero que todo sea fácil, sencillo, divertido.
Y sigue siendo un secreto eso de que hay algunas respuestas por las que me dan miedo preguntar.
Por eso prefiero limitarme a acompasar nuestras respiraciones
a lamer tu vulnerabilidad
a gastar esos preciosos labios
y afluir en este nuevo caminar.

Sinceramente

Lo siento por todas las veces que dejo que hablen antes las inseguridades que la razón.

Lo siento por no tener las cosas claras, dejarme vencer ante el miedo y no rendirme, a no escuchar las infinitas voces dubitativas de mi cabeza.

Lo siento si por culpa de todo ello te he hecho o te hago sentir mal.

La verdad es que muchas veces no me gusto por ello.

Sigo recomponiendo algunas piezas en mí que están rotas, y que me corte yo con ellas, lo acepto, pero no te quiero hacer daño a ti.

La verdad, también, es que me gustas.

Me gusta que estés.

Me gusta saber que te veré.

Me gusta también mirarte.

Y que me mires.

Egoístamente, como me gusta que sean tus ojos los que me miren.

Me gusta levantarme a tu lado.

Me gusta besarte, pensarte.

Me gusta que me incluyas en tus planes, aunque tenga miedo.

Me gustas, pero ahora no soy valiente.

Y lo siento por ello.

Ahora mismo, tengo mucho miedo, y no me siento capaz de muchas cosas.

Y lo siento mucho por ello, porque sé que te mereces más de mí, muchísimo más.

Senzill

És fàcil quan es simplifica tot.
Es fa senzill tornar a l'origen, i tot es veu més clar.
Es fa fàcil, intuïtiu, sanador.
Només ens hem de limitar a ser.
No hi ha interferències, ni fantasmes, les turbulències esdevenen jocs *adrenalinics*, perquè davant tot hi ha la seguretat que, si mai res passa, estaràs allà per recolzar-me. I jo també hi seré.
Perquè suposo que d'això es tracta.
Dos cors que no temen estimar de forma autèntica, pura i real.

Benvolguts

Estimats lectors,

Fa molt de temps que em ronda pel cap

Tot això que té a veure amb estimar.

Jo he estimat, m'han estimat, i estimaré

I com molts de vostres, tinc una història.

Que difícil se'm fa, però,

No comparar-me amb les altres persones

Que abans que jo

L'han estimat, ha estimat, i estimarà.

I amb les que també té una historia.

Cerco en l'imaginari tots aquells moments viscuts amb aquestes persones,

Com si els presents fossin menys o irreals.

Que malaltís resulta per mi aquesta gelosia

D'inassolibles moments de felicitat.

Que problemàtic resulta, que ineficaç,

Reviure moments, que, potser, ni tan sols han estat veritat.

El cas és que aquí em trobo jo

Plantejar-me on han quedat, aquests records

Aquests moments d'amor etern jurat

Que ara formen part de la nostra realitat

I que, tanmateix, resulten tan llunyans.

Tots i cada un d'ells son tan empipadors

Per la meva necessitat de sentir-me important

Que *rebusco* excuses per ocupar aquell lloc

En que tu sentis

Que has estimat, t'he estimat, i estimaràs,

Per recordar, eternament, el que ha estat la nostra historia.

Hogar

Hoy después de mucho tiempo,
Me he parado respirar.

Tras una ajetreada mañana en movimiento,
mis ojos, guiados por mi corazón,
han observado todo lo conseguido.

A veces, por no pararme a mirar,
no me doy cuenta de todo lo andado.

Y me he sentido orgullosa.

Y me he aplaudido.

Por estar cumpliendo objetivos y siguiendo siendo fiel a mis valores.

Por haber sanado heridas.

Por haberme permitido parar cuando todo me superaba.

Por haber dejado entrar el amor propio,

y también 1 de los amores más maravillosos y soñadores.

Por haber dejado que me quieran bien.

Por estar cuidando a una maravillosa gatita,

y por tener los brazos abiertos a cuidar a dos más.

Por crear un hogar, cuidarlo, y cuidarme.

Por permitirme llorar y reír sin ninguna vergüenza.

Por haber aceptado despedidas necesarias para poder seguir andando.

Por haber creado y cuidado.

Por haber dicho sí, y por haber aprendido a decir no.

Hoy, después de muchos días sin parar, he podido estar conmigo misma.

Sin interferencias.

Solo yo y el silencio.

Hoy he podido abrazarme, siendo consciente de lo orgullosa que estoy de estar donde estoy y rodeada de las mejores personas que jamás le podría pedir a la vida.

Así que gracias vida,

gracias por todo y por mucho más.

Amor

Durante mucho tiempo he confundido la intensidad con el drama.

Una parte de mí que pensaba que era difícil de querer se empeñaba en construir castillos solitarios y sin fundamentos.

Pensaba que era la única forma posible y que las lágrimas eran un trámite para poder estar bien a toda costa.

Hoy, desde la tranquilidad y la seguridad de un hogar construido desde el amor, puedo decir que no hay lugar para el drama.

Que las lágrimas son sanadoras cuando los sentimientos abruman, pero que no hay que pasarla sola.

Desde este paradero puedo sentir que no hay que luchar, solo cuidar, y que con esto puedo centrarme en quererme yo, porque no es ningún esfuerzo que me quieran.

Hoy, después de mucho tiempo, le doy a la intensidad del sentido que le toca.

El de crear, vivir, amar, y sentir.

Duelo

Me llenaron de antidepresivos el vacío de mi corazón.

Impregnaba la incomodidad del llanto a litros de la angustia que me acompañaba.

No comprendí hasta más tarde que la pérdida se había llevado más de mí ser de lo que pensaba, cubriéndome de desesperanza, horror y soledad.

La tristeza fue mi manto hasta convertirse en ropaje, que cuidaba cada noche para ponérmelo igual la mañana siguiente.

En mi rostro parecían arrugas nuevas,

y mis ojos reflejaban el gris de aquel que sufre por saber que todo recuerdo deja de ser una realidad.

Cuando vi cuánta resistencia al cambio me sentenciaba,

me tatué la palabra soltar en mi brazo,

pensando que así, a lo mejor, el dolor de la tinta comprendería mi corazón.

En cierta forma lo hizo.

Pero necesita de mucho tocar fondo para levantar la cabeza y acordarme que el sol deslumbra todas las almas, también aquellas que están rotas.

Y que, a lo mejor, me faltaba un tiempo de dejar pasar los rayos por las grietas, sintiendo el dolor de estar rota, con el calor de querer seguir viviendo.

Amiga

Aunque me duela todo lo sucedido,

hay una parte de mí que le encantaría contarte todo lo que me está pasando.

Compartirlo como podíamos hacer antes, sin juicios ni papeles extraños, cuyo teatro nadie quiere ver.

Supongo que por eso tú y yo ya no compartimos,

ya que ni la persona que se encontrara más aburrida compraría entradas para nuestra historia.

Inevitablemente me siento culpable y me pregunto cuánto de mí podría dar para que esto funcionara y no tener que sentir la pérdida.

Inexplicablemente me propongo seguir esforzándome aún saber que todo aquello que nos supone un esfuerzo demoledor no es para nosotros, ya que se supone que debemos llegar vivos a la meta.

Aun así, mi corazón sigue queriendo proteger todo lo que hemos vivido, porque se está dando cuenta que ya no habrá más momentos tuyos y míos.

En cierto modo, me da rabia.

Tú y yo hemos sido amarillas,

hemos soñado colores infinitos,

y nos hemos querido, compartido, como hermanas.

He sentido muchas veces que los esfuerzos para seguir siendo se escapaban de las manos,

porque ni la tinta eterna de las cartas que nos escribimos pueden mantener este drama.

No entiendo en qué momento me pusiste en el campo de batalla.

He andado muchas veces desarmada, esquivando las flechas.

Y he aguantado la venda que me regalaste para que no viera tu estrategia de guerra.

Así que, solo quedándome las emociones de la inminente derrota,

decido coger las fuerzas que me quedan para levantarme y chillar.

Que nada de eso lo he querido,

que te entiendo pero que no comprendo ni comparto,

y por eso, con la energía de todo el fuego que me queda,

plantó bandera,

y me voy.

Solo queda bruma

y el hilo del vínculo que un día fue,

cada día más nítido,

reconociendo haber sido tímido.

Reconozco que me costó mucho entender,

que de todo eso pudiera salir tanto amor y comprensión.

También agradecimiento porque del dolor

floreció una unión fuerte, más íntima,

más trascendental,

que se ganó mi corazón por todas las veces que se dolió,

y no hubo nadie para recogerlo.

El sentimiento de la incondicionalidad,

de saberse Fénix de entre cenizas,

te comprender a la vida y agradecer que,

ante tanto desierto,

siempre haya posibilidad de que nazca una flor.

Ciner

Todos los 24 serán nuestros temerarios de tatuarnos un número que siempre significará.

También lo serán las canciones, las risas, los besos y la vida.

Porque riman perfectos con nuestra forma de conocernos y de vivir, y de compartirnos.

No arrasaste, sino que encontraste en mi calma, paz, tranquilidad en el sentir.

Nunca comprendí que alguien podría ser tan casa, hasta que te conocí.

Si hubiera sabido que era tan fácil ser yo misma con alguien, hubiera firmado hace ya tiempo esta sentencia de amor y sentimiento puro de tranquilidad.

Nunca unos ojos me habían querido tan bien.

Nunca un corazón había sentido tanta calidez.

Mama

Me da miedo cuando no estés porque me haces los días más bonitos, la vida más dulce y el corazón más fuerte.

De mis ojos brotan las lágrimas más temblorosas cuando pienso la vida sin ti,

me veo sin brújula

e impotente por la fuerza del paso del tiempo.

A menudo pienso que mi corazón no será suficientemente fuerte para aguantar el dolor de tu pérdida.

Pero confío en el amor que brota de todas las semillas que has dejado en mí.

Quiero tener el honor de seguir tu legado,

quererte para siempre.

Se que si algú m'ha ensenyat a estimar, has sigut tu.

Se que si algú m'ha ensenyat qué és la paciència, l'amor incondicional,

Has sigut tu.

Crec curiosa i complicada la vida,

Com en algun moment vaig decidir tancar-me,

Per ara poder perdonar-me,

Per no haver comprès això abans.

Suposo que, en part, aquesta també n'és la gràcia.

Caminar, posar consciencia, i adonar-se de tot això.

Se amb certesa, també, que estic orgullosa de com m'has acompanyat a ser,

Com has posat llum i has sigut la força quan jo no la tenia.

Encara a dia d'avui, essent el meu far,

Sabent que sempre ho seràs.

No s'equivocava aquell que un dia va dir "madre no hay más que una"

I quina sort he tingut jo amb la meva.

Estimant eternament,

Ho dic poc,

Però ho sento infinit,

T'estimo.

Papa

A vegades m'ha costat entendre la teva forma d'estimar.

He comprés amb el temps

Que és teva i pròpia, i que així està bé.

Hi va haver un moment que,

Certament,

La incomprensió em va fer mal,

Però sé que soc i hi soc perquè tu hi ets, i això, en vida, és dels millors regals.

Ara accepto i hi ha un lloc molt important en el cor,

Perquè així ha de ser , i és.

Ho dic poc, però ho faig,

T'estimo amb incondicionalitat.

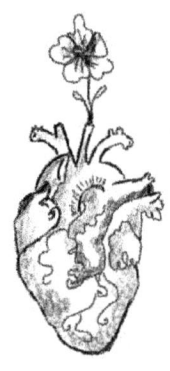

Psicología

Pienso en esa niña

que un día siendo toda ilusión

y con su corazón por bandera

plantó en un proyecto, con todas sus fuerzas,

las semillas de su juventud, arte y creatividad.

Lo que no sabía esa niña,

tras tanta promesa, era que el terreno era árido

y que requería de toda su energía

para que de ahí germinara algo.

Tras sembrar y regar en los más calurosos veranos,

la niña se dio cuenta que los frutos se los llevaba otra.

Parecía linda, pero veía,

que a más heridas en sus manos,

más joyas en las suyas aparecían.

Fue duro darse cuenta cuánto luchaba,

para que ese jardín floreciera,

y que sola estaba, esperando siempre, que llegara la primavera.

Poco a poco esa niña se hizo mujer,
y entendió todo lo que podía recoger.

Con miedo, cogió su corazón bandera
y encontró otro campo, más pequeño
aparentemente Virgen, y de nuevo,
Volvió a sembrar.

Esta vez en paz, sabiendo que de ahí
nadie más iba a robar.

Porque era sagrado.

Y se plantaba desde lo sagrado.

Y se compartiría, también, desde lo sagrado.

Porque decidí empezar, y volver.

Sanar las heridas,
y disfrutar de ver crecer.

Post grau de Dol, pèrdua i crisis

Aún todo esto, creo que aún no estoy preparada para morir.

Pero seguramente, si lo hiciera, estaría tranquila por esta vida.

Creo que los que estamos aquí estamos un poco locos.

Todos y cada uno de los que hemos pasado por esta energía de transformación.

Locos porque decidimos mirar la muerte tal y como es.

Y seguramente por eso, también, vivimos la vida tal y como es.

Un viaje de no retorno constante.

Donde mirar atrás solo trae recuerdos

y mirar adelante puede traer ansiedad.

El caso es que un poco locos sí que creo que estamos.

Porque podemos transformar las pérdidas en amor.

Y supongo que de eso se trata un poco,

de incondicionalizar el amor y vivirlo presente, sea pasado o futuro.

Porque nuestro corazón alberga tanta capacidad de querer,

que cuando deja de tener el cuenco donde depositarlo,

se expande tanto que puede perderse hasta volver a entender

que en la expansión ha creado estrellas más brillantes, raíces más profundas, y arte infinito.

Porque si algo he aprendido,

aún no estar preparada para morir,

por las ganas de vivir que tengo,

es que a menudo, los llamados locos han terminado teniendo la razón,

y más si son aquellos que no sabiendo el cómo ni el porqué,

tienen la capacidad de acompañar y transformar,

de retornar: el amor más profundo al dolor más desgarrador, y del dolor, otra vez, al aún más grande querer.

Sobre la mort

Si hi ha una cosa que em fascina i m'aterra,
és no saber per quant de temps la vida ens aferra,
gaudir dels petits detalls, rebre la calidesa,
observar ànimes pures, trepitjar l'herba humida i fresca.

Sentir l'amor profund de la família estimada,
això m'aterra i em fascina, és ben cert,
perquè tot això un dia s'acaba,
però seguim caminant, sense perdre el rumb dret.

A vegades som omnipotents i invencibles,
altres precavuts i fràgils, tan sensibles.

La mort ens parla, ens diu i ens recorda,
que els ulls que mires, un dia tancaran la porta.

Hi ha veus que no tornaràs a escoltar,
missatges i consells que només al cor viuran,
perquè la sàvia persona ha marxat per descansar,

d'aquest cos físic, en aquest món terrenal.

Això no és una oda a la mort, ni molt menys
és un recordatori que tot és efímer,
o paradoxalment efímer i etern,
perquè la vida ens permet morir i viure.

I això és el que em fascina i m'aterra,
perquè de les llàgrimes del dolor neix l'amor més profund,
com més estimis, més patiràs,
però val la pena, a viure ens submergim.

No sabem quan marxarem, ni com,
i per això, suposo, val tant la pena entregar-se,
a viure, a sentir, a gaudir i estimar,
perquè veritablement, no saps,
quan l'última música del batec deixarà de sonar.

NOTA DE LA AUTORA

Me hace mucha gracia lo de nota de la autora porque, simplemente, es una excusa para dirigirme a ti de una forma distinta. Gracias por leer estas palabras, espero que te hayan hecho viajar, de alguna forma.

Huelga decir, pero supongo que si lo veo necesario porque si no, no lo diría, que la Marina que escribía en el 2017 no tiene nada que ver en la del 2024 que revisa, reescribe, y escribe esto. Supongo que de esto se trata la transformación. Ha sido incluso costoso para mí leer esas palabras, porque aunque me hago consciente de que forman parte de mi biografía, están lejos de lo que siento y pienso ahora. Me impacta la ternura con la que mis ojos de ahora miran al pasado, porque reconozco mucho dolor, heridas que hablaban solas, y sombras que se apoderaban del momento. Gracias a la vida, podemos sanar y poner conciencia a todo esto, y podemos volver a leerlas, y ver que han hecho mucho camino. Desconozco si eso mismo le ocurre a todo aquel que crea. Se vuelca tanto de uno mismo en la obra, que los años crean una especie de disociación hacia lo que antes era tan real. O quizás es que no he estado preparada para mirarlo directamente a los ojos, hasta ahora. Pero me alegra ver que todo el dolor se ha transformado. Que ya no creo que el amor hace sufrir, ni que soy menos en todo ese sentimiento. También me alegra saber que he transformado el dolor, priorizándome, y que esto ha creado duelos para decir a dios a personas que han dejado huella, pero que ya no marcan. En definitiva, doy gracias porque la vida me ha llevado hasta aquí, con todos vosotros, y me ha permitido transformar el dolor. Ponemos punto y continuar a todo esto. Para seguir viviendo, seguir creando y seguir encontrando el amor incondicional, a todo lo que un día hizo tanto daño.

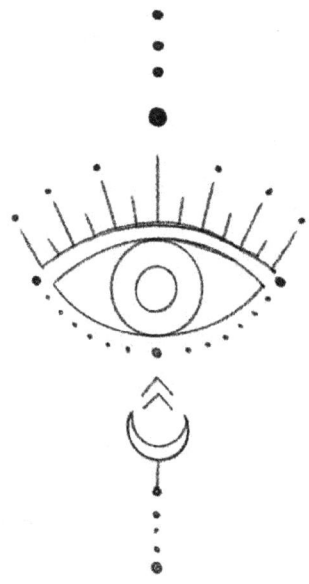

www.ingramcontent.com/pod-product-compliance
Lightning Source LLC
Chambersburg PA
CBHW061319040426
42444CB00011B/2713